Hartmut Wilhelm

Mit Wohnwagen oder Wohnmobil durch Burgund

Die Anleitung für einen Erlebnisurlaub

für Anke

Verlag Roth - Schulz
D - 7129 Brackenheim 4

Die Deutsche Bibliothek – CIP-Einheitsaufnahme

Wilhelm, Hartmut:
Mit Wohnwagen oder Wohnmobil durch Burgund,
Hartmut Wilhelm -
D 7129 Brackenheim-Meimsheim,
WOMO-Verlag, 1993, (Womo-Reihe ; Bd. 14)
ISBN 3-928840-14-2
NE: GT

Ich bin Markus aus Löchgau, Hartmut Tours 'ne volle Sache. Aber, sag ich Ihnen. Den Typen, den kenn' ich. Behämmert. Echt.

Titelbild: Frachtkahn auf dem Canal de Bourgogne

1. Auflage 1993
Druck:
Wilhelm Röck GmbH, D 7102 Weinsberg
Vertrieb:
GeoCenter, D 7000 Stuttgart 80
Herausgeber:
© 1993 WOMO-Verlag Roth-Schulz
Tel.07135/14553 Hornstr. 4, D 7129 Brackenheim-Meimsheim
Alle Rechte vorbehalten.

ISBN 3-928840-14-2

Auf, auf ...

Auf Ihr Kinder des Vaterlands!
Der Tag des Ruhms ist gekommen!
Gegen uns wurde der Tyrannei blutiges Banner erhoben.
Hört Ihr auf den Feldern das Brüllen der grausamen Krieger?
Sie rücken in unser Land, um Eure Söhne, Eure Frauen zu
ermorden.

Zu den Waffen Bürger! Schließt Eure Reihen!
Marschieren wir, marschieren wir!
Das unreine Blut tränke unsrer Äcker Furchen.

Liebe Leserin, lieber Leser,

das ist die erste Strophe der französischen Nationalhymne.
Eine zarte Fee von 8 Jahren hat diese Verse bei der Eröffnung
der Olympischen Winterspiele 1992 von ALBERTVILLE der Welt-
öffentlichkeit vorgesungen. Die wenigsten Außerfranzosen
verstanden den Text, aber immerhin. Die Franzosen können
halt zwei völlig verschiedene, gegensätzliche Dinge gleichzeitig tun, ohne daß das Universum platzt. savoir faire, savoir
vivre.

Lernen Sie einen „germanischen" Teil des gar nicht so
ungermanischen West-Frankenreiches kennen:
Burgund
Die Erben der Nibelungen siedelten um DIJON, BEAUNE und
AUXERRE. Von FREIBURG im Breisgau sind es keine 300 Kilometer, von BERLIN ein bißchen mehr. Die Preußen kennen trotzdem den Weg.
Das dünn besiedelte Burgund hat viel Natur, hat Seen, Flüsse,
kleine Kanäle, einen waldreichen Naturpark, feinste Weine -
und viel Ruhe.
Und in der Ruhe liegt bekanntlich die Kraft.
**Auf, auf ..im Sommer, im Frühjahr oder Herbst
nach Burgund,** viel Freude und Erholung!

Februar 1993
Erlenweg 6
D 7128 Lauffen

Diesmal Burgund.
WIR zählen auf SIE - bis drei, WIR können das.

Was alles auf Sie wartet,...

...Sie schon immer wissen wollten, aber *niemals* zu fragen wagten.

ANFAHRT

PARIS
FREIBURG
DIJON
Burgund
BEAUNE
MACON
LYON

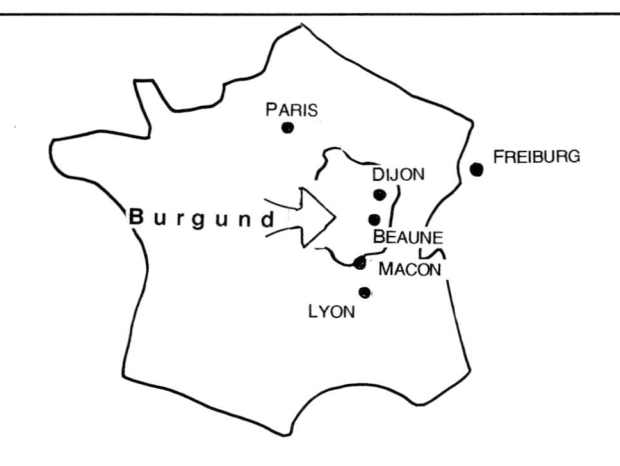

Deutsche Rheintalautobahn A 5 bis MÜLLHEIM. Abfahrt nach Frankreich/LYON auf die A 36. Am Autobahnkreuz bei BEAUNE Richtung PARIS auf der A 6 bis Abfahrt POUILLY-en-Auxois. Dann nach **BLIGNY-sur-Ouche**/Hauptrichtung BEAUNE auf der N 81, dann D 977bis und D 970.

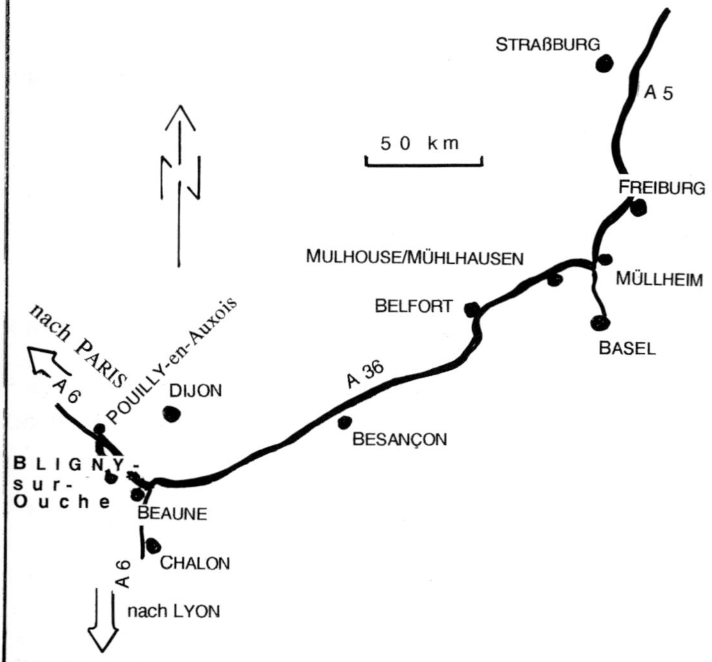

STRAßBURG
A 5
50 km
N
FREIBURG
MULHOUSE/MÜHLHAUSEN
MÜLLHEIM
BELFORT
BASEL
nach PARIS
POUILLY-en-Auxois
A 6
DIJON
A 36
BESANÇON
BLIGNY-sur-Ouche
BEAUNE
CHALON
A 6
nach LYON

GESCHICHTE BURGUNDS

Wann fängt die Geschichte des Menschen an? Die Frage ist so interessant und unbeantwortbar wie die nach dem Ende der Menschheit. Die ältesten Spuren des Menschen in Burgund führen in die Zeit vor 100.000 Jahren. Von 750 v. Ch. bis ungefähr 100 v. Ch. wurden einige Höhlen bewohnt und Handelsbeziehungen bis Griechenland gepflegt. Es entwickelte sich die heute so benannte keltische Kultur.

Mit den Kelten fängt die Geschichte an, für uns greifbar zu werden im Stile: 80 v. Ch., morgens um 10h bohrte sich Caesar in der Nase. 52 v. Ch. begannen die Römer, Gallien zu erobern. Damit verloren die keltischen Stämme im Laufe der Zeit ihre Freiheit und Identität. In Gallien ergab sich eine Vermischung zwischen der keltischen Bevölkerung, der römischen Verwaltungsaristokratie und der römischen Soldateska. Die Christianisierung und die germanische Völkereinwanderung im 4./5. Jahrhundert veränderten Gallien erneut. Die Germanen bestimmten in der Folge die politisch/militärische Entwicklung im Norden und in der Mitte Frankreichs. Die germanischen Franken gaben dem Land seinen heutigen Namen.

So geschah es auch mit Burgund. Die germanischen Burgunder saßen ursprünglich auf der Ostseeinsel Bornholm. Sie rückten im 4. Jh. über den Rhein und ließen sich um WORMS und MAINZ nieder. Sie überfielen die im heutigen Flandern und Nordfrankreich angesiedelten Belgier. Der weströmische Feldherr Aetius reagierte vergrätzt. In einer Schlacht unterlagen die unruhigen Burgunder 436 einem Heer aus hunnischen Leasing-Reitern und römischen Legionären. 10 Jahre zuvor hatten die Burgunder den Hunnen böse zugesetzt. Die Hunnen kamen nach 436 erneut. Diesmal auf eigene Rechnung. Die burgundische Macht wurde zerstört. Diese Vorgänge sind der historische Stoff für das germanische Dallas-Drama von Liebe, Gold und Eifersucht: die Nibelungensage. Die Reste der Burgunder, einige Tausend, zogen an den Genfer See. Eine Alpenfränkli-Zukunft behagte ihnen nicht. So marschierten sie an die Saône.

Die nächsten Glanzzeiten Burgunds liegen im 14./15. Jh. Die reichen, burgundischen Herzöge spielten eine wichtige Rolle zwischen Frankreich und dem Deutschen Reich. Der Abstieg begann aber rasch und 1477 kamen die Kernlande an Frankreich, der östliche und nördliche Teil unter den Einfluß des Deutschen Kaisers.

BURGUND

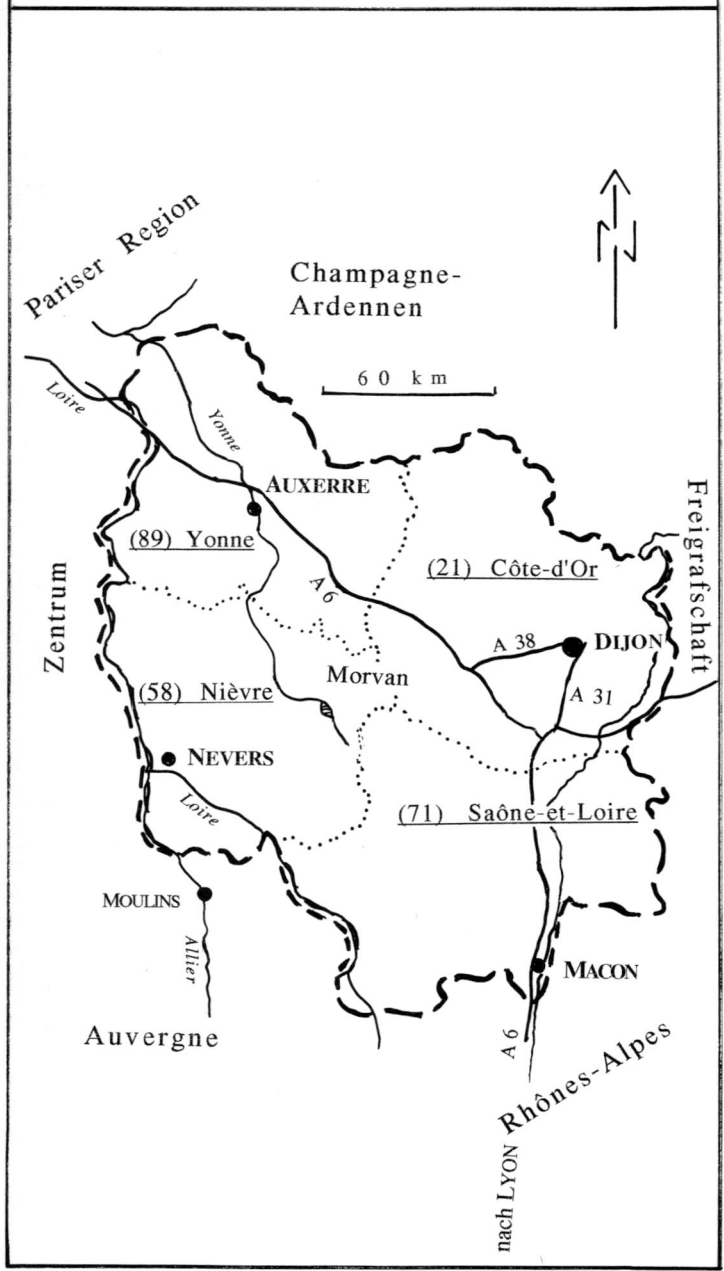

BURGUND
Land und Leute

Es gibt nur wenige **geopolitische Namen,** die über den Lauf der Jahrtausende so unterschiedliche geographische und politische Gestalt gewonnen haben wie Burgund. Das vorliegende Büchlein befaßt sich mit einem Burgund, das die französische Verwaltungsreform geschaffen hat, der région Bourgogne. Die Region hat eine Fläche von 31.582 qkm, 1.625.000 Einwohner und eine Bevölkerungsdichte von knapp 50 Menschen pro Quadratkilometer. Zum Vergleich: Das mit 35.750 qkm nur wenig größere Baden-Württemberg zählt 10 Millionen Einwohner und hat eine Bevölkerungsdichte von 280 Menschen pro Quadratkilometer. Der Sitz der Region ist DIJON.

Burgund teilt sich auf in **4 départements**: Côte-d'Or (21) mit DIJON, Nièvre (58) mit NEVERS, Saône-et-Loire (71) mit MACON und Yonne (89) mit AUXERRE als Verwaltungssitze.

Burgund ist **kein homogenes Gebilde.** Historischer Glanzpunkt ist die Stadt DIJON. Die verkehrspolitische Konkurrenz ist BEAUNE. Der Ruf Burgunds als Gegend kostbarer Weine liegt in dem schmalen Streifen von DIJON nach BEAUNE bis MACON begründet. Im Westen der Region werden die Charolais-Rinder gezüchtet. Doch verliert die dortige Landwirtschaft immer mehr ihre Menschen. Die Landflucht ist eines der ersten Probleme. Der Morvan ist traditionell ein armes Gebiet. Das kann auch der Tourismus nicht wesentlich ändern. Im Winter sind die Orte des Morvan tot. Das wirtschaftliche Leben konzentriert sich auf NEVERS, das Tal der Saône, auf MACON und mehr noch auf CHALONS-sur-Saône. Berühmte touristische Anlaufpunkte sind neben DIJON, BEAUNE noch VÉZELAY und die Römerstadt AUTUN.

Die **Loire** streift die Region. Die **Yonne** ist ein eigenes Produkt. Bei NEVERS mündet der Allier in die Loire. Aus dem 18. Jahrhundert stammen der Canal du Centre und der Canal du Nivernais. Spektakuläre Bauwerke sind die Kanalbrücken über die Loire bei BRIARE, DIGOIN und bei NEVERS über den Allier.

Das **Klima** verhält sich ähnlich wie im süddeutschen Raum. Im Morvan ist es etwas kälter. Dafür bringt das Tal der Saône bereits die Sonne des Südens.

9

CAMPING in Burgund

Frankreich ist das Land der Campingfreunde und der **Campingplätze.** Fast jede Gemeinde hat einen Platz eingerichtet und betreibt ihn zum Selbstkostenpreis. Die Preise der Übernachtungen bewegen sich bei einem Gemeindecampingplatz (camping municipal) zwischen 10.- und 15.- DM für eine Familie von 4 Personen pro Nacht. Das sind pro Urlaubs-Woche 100.- DM.

Die von den Départements eingerichteten **PAJ-Plätze** (points d'accueil jeunes) sind für Jugendliche und Jugendgruppen reserviert.

Die fast **300 Camping-Plätze** in Burgund erlauben eine **nahezu unbegrenzte Beweglichkeit.** In der unmittelbaren Umgebung sind meist Einkaufsmöglichkeiten für Lebensmittel und Haushaltswaren, teils auch Restaurants.

Die Sanitäranlagen sind einfach bis gut. Campingplätze mit 3 u. 4 Sternen bieten Komfort, sind jedoch durch Vorbestellung häufig von Ende Juli bis Mitte August belegt (vor allem am Lac des Settons).

Grundsätzlich soll man bis zum Spätnachmittag auf dem Campingplatz eintreffen. Da ist die Auswahl der Stellplätze am größten.

Die Campingplätze werden von der Präfektur überwacht. Die Präfekturen setzen die Zahl der Qualitätssterne fest.

Das freie Camping ist in Frankreich nicht gestattet. Das bedeutet nicht, daß es nicht geschieht. Im Naturpark Morvan, in der Nähe von Waldgebieten und im Wald jedoch wird dieses Verbot durch die Polizei sehr ernstgenommen. **Übernachtungen** an den häufig anzutreffenden **plans d'eau** (See mit Freizeitgelände) sind **möglich.** (Einzahl: plan d'eau)

Mal was anderes ist das **Camping auf dem Bauernhof,** camping à la ferme. Billiger ist es dort nicht. Nur die Umstände sind individueller, vielleicht erlesener. Einige Bauersleut haben über Jahre ihre Stammgäste. Da mancher frz. Landwirt mit Subventionen auf gerade 1.000.- DM mtl. kommt, ist ein solches Zubrot nicht unerwünscht.

Gemeindecamping und Camping auf dem Bauernhof sind mit Bargeld zu bezahlen. Die gewerblichen Drei- und Viersterner akzeptieren Kreditkarten.

Empfehlenswert ist der kostenlose, rote - auch **deutschsprachige - Prospekt „campings en Bourgogne",** erhältlich bei jedem Office du Tourisme. Er enthält ein genaues, aktuelles Verzeichnis mit allen notwendigen Angaben und eine Karte.

ESSEN UND TRINKEN

Essen

Wer heute -und schon seit Jahren- **gut und teuer** essen gehen will, der braucht nicht mehr den Rhein westwärts überschreiten. Die **Vier-Sterne Mac Donalds** haben überall ein ähnliches Angebot. Preiswerter kommt man in den Bars/Cafés weg. Dort hat das Essen Imbißcharakter und verhungern tut man nicht.

apéritif

Vor der Mahlzeit apéritif: cassis blanc, das ist ein Glas Weißwein mit einem Schuß schwarzem Johannisbeersaft. Cassis ist auch Likör aus Johannisbeeren. Das ist der digestif.

Wein

In Frankreich wird der **Wein gewöhnlich während des Essens** getrunken. Für Weinkenner ist der Name Burgund eine Verlockung. **Sechzig große Weine**, Grands Crus, kommen von der Côte de Nuits, der Côte de Beaune, von Chablis, der Côte Chalonnaise, vom Mâconnais und dem Beaujolais. Der Wein ist ein Erbe der Römer. Da den Mönchen im Mittelalter manches untersagt war, kümmerten sie sich um den Ausbau des Weines.

Auf **37.500 ha wird heute in Burgund Wein** angebaut. Im Weinland **Württemberg sind lediglich 9.200 ha** im Ertrag. Die jährliche Produktion beläuft sich auf 1.800.000 Hektoliter.

Zwischen DIJON und CHAGNY verläuft die **Côte d'Or,** der goldene Hang/Weinberg. Die eine Hälfte reicht von DIJON bis kurz vor BEAUNE, das ist die **Côte de Nuits,** der Rest ist die **Côte de BEAUNE.** Auf der Gemarkung von GEVREY-Chambertin treffen wir den „vollmundigsten" aller roten Burgunder. In der Nähe von **NUITS-St-Georges** wächst der kräftige, dunkle Pinot Noir, nach der Rebe pinot noir benannt. Diese Rebe kam auch außerhalb Burgunds zum Anbau. Bei den Weißweinen ist die Chardonnay-Rebe führend. Die Aligoté-Rebe ist die dritte Spitzenrebe. Aus ihr wird der „Kir" erzeugt, benannt nach dem Bürgermeister von DIJON , dem Domherrn Kir aus diesem Jahrhundert. BEAUNE ist für Burgund und für Frankreich die Hauptstadt des Weines.

Berühmte Namen haben Weine aus POMMARD, MEURSAULT, SANTENAY, die Côte Chalonnaise um MERCUREY, die **Côte de Mâcon.** In Mâcon liegt das größte, zusammenhängende Weinbaugebiet. Um **CHABLIS** bei AUXERRE gedeihen bekannte **Weißweine.**

Naturpark Morvan

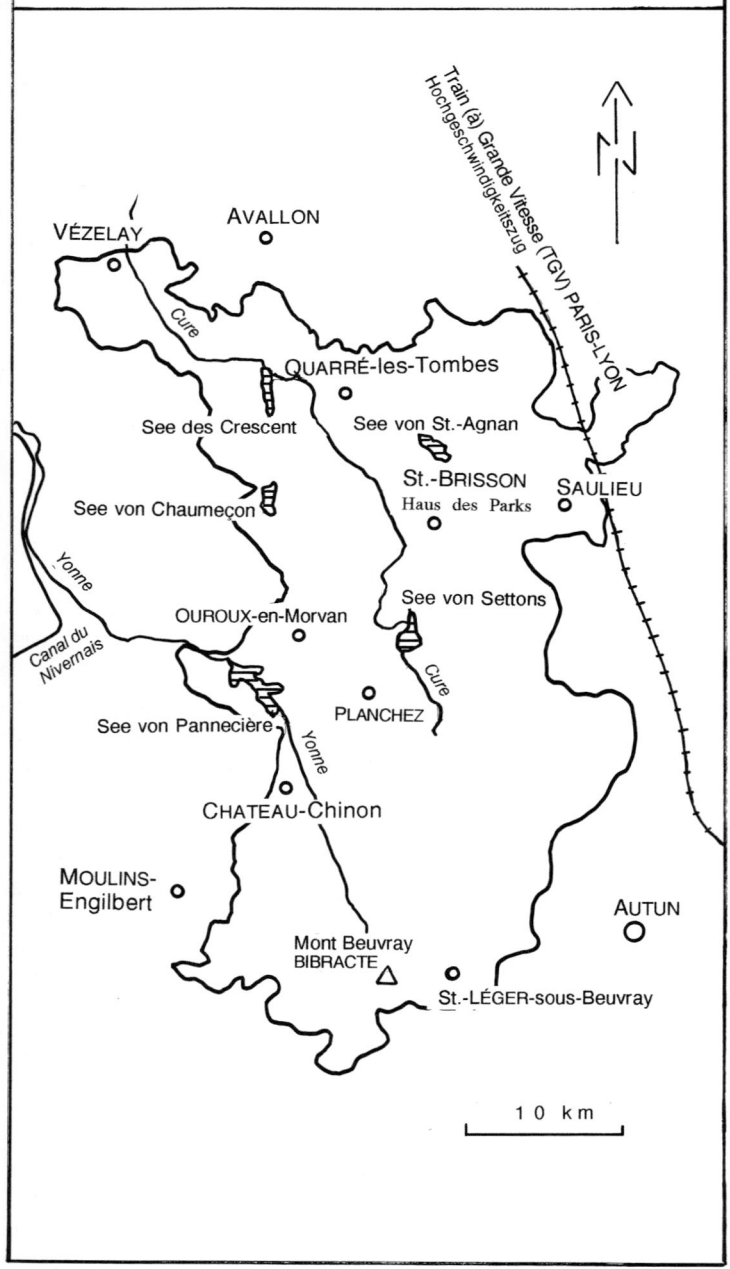

NATURPARK MORVAN
Parc naturel du Morvan

Der **Nationalpark Morvan** wurde im Oktober 1970 per Regierungserlaß begründet. Er schließt 73 Gemeinden ein, hat eine Bevölkerung von knapp 40.000 Menschen, und erfaßt 173.000 ha. Das sind **zwei Drittel der Größe des Saarlandes** mit seinen 1.1 Millionen Einwohnern. Der Morvan hat mit 23 Menschen pro Quadratkilometer gerade ein Zehntel der bundesdeutschen Bevölkerungsdichte.

Die **Arbeit der Parkorganisation** soll den Kontakt des Menschen mit der Natur fördern und seiner Erholung dienen. Doch an erster Stelle steht die Erhaltung einer gesunden Landwirtschaft.

Im **nördlichen Bereich** kommen die Berge knapp auf 600 m. Im **Süden** ragen der Folin, Prénelay und der Glanz keltischer Geschichte der Beuvray auf Höhen zwischen 800 m und 900 m. Bäche, Seen, enge Straßen, weite Wälder charakterisieren den Süden. Manche meinen, auch Einheimische, ein weiterer Vorzug des südlichen Morvan sei, daß die Pariser meist im Norden bleiben.

Der **Morvan** war immer ein **armes und verlorenes Gebiet.** Die Menschen lebten und leben von der Holzwirtschaft. Die Männer flößten die Stämme nach PARIS. In früherer Zeit verdingten sich die Frauen als Ammen und Dienstmädchen nach PARIS. Im letzten Jahrhundert begann die Aufzucht des Charolais-Rindes. Das ist ein weiteres wirtschaftliches Standbein. Heute gesellen sich dazu der Tourismus vor allem im nördlichen Bereich und der Kurbetrieb. Dennoch verzeichnet der Morvan eine spürbare Landflucht. Ergebnis sind eine überalterte Bevölkerung und verlassene Höfe und Häuser. **Kleinere und mittlere Betriebe** sorgen für etwas Industrie. Für den Besucher aus hochindustrialisierten und dichtbesiedelten Gebieten ist das weite Grün der Wälder und Wiesen geradezu ein Augenweide. Im Sommer hebt sich das rauhere Klima wohltuend von der Hitzelandschaft des südlichen Europa ab.

Der **Morvan** diente in der Geschichte auch als **Zuflucht für Verfolgte.** Im Zweiten Weltkrieg nutzten französische Partisanen die Unwegsamkeit der Wälder und Berge und verübten vor allem nach der Landung der Amerikaner und Engländer in der Normandie Anschläge auf die den Morvan durchziehenden Wehrmachtsverbände. Die deutschen Kräfte schlugen unbarmherzig zurück. So litt abermals eine arme Region.

SEEN IM MORVAN

See von Pannecière

Der See von Pannecière / Pannesière ist der größte des
Morvan und staut die Yonne. Oberfläche: 520 ha (Bodensee
540.000 ha). Man will die Zuflüsse der Seine lenken. Länge: 7,
5 km, Breite: bis zu 1, 3 km. Länge der Staumauer: 340 m,
Höhe: 52 m. Kapazität: 82 Millionen Kubikmeter. Die Mauer ist
aus Halbkugeln aus Stahlbeton konstruiert. Ein Wasserkraft-
werk liefert 18 Millionen Kilowatt im Jahr. (Jahresverbrauch
eines Haushaltes 3.000 KWh). Das Becken muß jährlich ge-
leert werden.

See von Saint-Agnan

Der See mit dem schwarzen Wasser, wie er genannt wird, ist
von einer einzigartigen Schönheit. Der jüngste Stausee wurde
1970 geschaffen. Er versorgt 28 Gemeinden und ihre 13.000
Einwohner mit Trinkwasser. Länge des Staudammes: 160 m,
Höhe: 16 m. In dem See tummeln sich Hechte, Karpfen,
Barsche und Schleie. Um den See führt ein Wanderweg herum.

See von Crescent

Der Stausee dient zur Gewinnung von Energie. Öberfläche:
165 Hektar, Fassungsvermögen: 14 Millionen Kubikmeter. Die
Staumauer ist 330 m lang und 37 m hoch. Sie wurde von 1930
bis 1933 errichtet. Bezahlt hat sie das Deutsche Reich, doch
nicht als Projekt der Entwicklungshilfe, sondern im Rahmen
seiner Reparationsverpflichtungen.

See von Chaumeçon

Der Damm wurde 1935 fertiggestellt. Oberfläche: 135 Hektar,
Kapazität: 12 Millionen Kubikmeter. Der Damm ist 36 m hoch
oder tief. Der See ist eine Hochburg des Kajaksports.

See von Settons

Der ist das Feinste der Morvangewässer. Die 1858 eingeweih-
te und 1861 fertiggestellte 267 m lange Mauer staut die Cure
auf. Das Vorhaben geht in die erste Hälfte das 17. Jahrhunderts
zurück. 1844 wurde der Plan wieder aufgegriffen.1854 begann
der Bau. Ursprünglich soll das gestaute Wasser die Cure und
die Yonne für die Holzflöße nutzbar machen, die für PARIS
bestimmt waren. 1937 wurde der See zum Naturdenkmal
erklärt. Oberfläche: 359 Hektar, Länge des Dammes von 1861:
277 m, Kapazität: 22 Millionen Kubikmeter, größte Tiefe:18 m.

DIE FRANZÖSISCHE REPUBLIK
oder Freiheit, Gleichheit, Brüderlichkeit

„**Der Staat bin ich**", soll Ludwig XIV., der gerade 1.59 m große Sonnenkönig gesagt haben. Gehandelt hat er zumindest danach. Die französische Revolution von 1789 machten den königlichen, absolutistischen Herrschaftsansprüchen ein Ende. Nicht zu Ende war und ist der Zentralstaat.

Die Revolution zerschlug die Provinzen als politische Einheiten und teilte das ganze Land in heute 95 Départements + Territorium von BELFORT. Diese waren so geschnitten, daß der Präfekt, Chef eines Départements und Vertreter der Zentralgewalt in der Provinz, morgens losreiten und abends wieder in seinem eigenen Bett schlafen konnte, so er wollte. Die Départements bekamen geographisch orientierte Namen nach Flüssen, Bergen etc. wie Côte d'Or, Yonne oder Saône-et-Loire. So war die Provinz völlig ohne eigene politische Vertretung und Bedeutung.

Eine politische Karriere verläuft in Frankreich in der Regel nicht über die Provinz, sondern in der Hauptstadt. Erst als gemachte Leute kehren die Damen und meist Herren teilweise zurück. Sie lassen sich gerne vom Gemeinderat zum ehrenamtlichen Bürgermeister wählen und behalten ihre Posten in Paris bei - und umgekehrt. Die Gemeinden versprechen sich davon einen besseren Zugang zu den Pariser Fleischtöpfen. Der französische Premierminister Pierre Bérégovoy, ein altes sozialistisches Streitroß, ist zugleich Oberbürgermeister von NEVERS. Und der gaullistische Gralsritter und Résistance-General Jacques Chaban-Delmas, heute 77, hütet seit 46 Jahren das Rathaus von Bordeaux und kandidierte Anfang 1992 erneut erfolgreich für den Präsidentenstuhl der französischen Nationalversammlung. Republikanische Monarchie im Lande der Revolutionen.

1972 milderten die Sozialisten den Zentralismus. Die Präfekten hießen von 1982 bis 1988 „commissaires". Heute werden sie préfets de département und préfets de région genannt. Sie vertreten die Regierung in und gegenüber der Provinz. Zwischen Regierung und Département legte 1982 das Dezentralisierungsgesetz 26 Regionen - 22 im Mutterland und 4 in Übersee. Diese neuen, politischen Gebilde umfassen jeweils 1 bis 8 Départements und bekamen meist historische Namen. Dabei erhielten Region und Département eigene gewählte Parlamente, Geldmittel und Kompetenzen.

Die Amtszeit der **Regionalräte** (conseil régional) und der **Départementsräte** (conseil général) beträgt 6 Jahre. Zu den Aufgaben der Region gehören die Wirtschaftsförderung und Trägerschaft der Gymnasien (in Frankreich ab Kl. 11). Dem Generalrat untersteht der Sekundarschulbereich 1 (Kl. 5-10 Sozialhilfe, Gesundheitsvorsorge und soziale Einrichtungen.

Der gallische Hahn, das Wappentier der Republik

Die **politische Schlüsselfigur Frankreichs** ist der **Staats-präsident**. Falls jedoch die Regierung von einer anderen politischen Richtung gestellt wird, ist sein Einfluß merklich gemindert. Der Präsident wird auf bislang 7 Jahre gewählt und vertritt Frankreich nach innen und nach außen. Traditionell widmen sich die französischen Präsidenten der Außenpolitik.

16

WANDERN

Teilen wir mal die Wanderbedürfnisse in **drei Kategorien** ein.

Fürs erste geht man im Laufe des Tages für **eine Stunde** um den Wohnwagen oder das WOMO herum. Dazu ist keine Karte nötig, sondern nur etwas Orientierungsvermögen. Denn nach einer halben Stunde Spaziergang ins Gelände dürfte man sich noch nicht verirrt haben.

Für die zweite Gruppe von Wanderungen ist eine Karte ratsam. Oft gibt es in der Nähe einen markierten Rundweg. Die Markierung ist von der Forstverwaltung oder in Zusammenarbeit mit ihr angelegt. Dabei wird nicht der direkte Weg, sondern der schönere markiert. Alte Markierungen führen manchmal in wegloses Gelände. Da hat ein Bauer kurz und kräftig „umgezackert". Benützt man den noch zu erahnenden Weg, kann der Bauer recht giftig werden. Rechtlich steht er aber auf Sumpf. Wenn er angezeigt wird, und das weiß er meistens, zieht er den Kürzeren. Das ist in Burgund durchaus anzutreffen. Die Markierungen für Rundwege von ca **1 Stunde aufwärts** sind meist weiß-blau gekennzeichnet ab und zu mit Angabe über Entfernung und Zeitaufwand. Falls ein Verkehrsbüro in der Nähe ist, kann man dort Prospekte mit Wandervorschlägen (plan de petites randonnées) kostenlos bekommen. Zahlreiche Gemeinden haben Wandervorschläge vorbereitet, jedoch ist der Begleittext meist französisch. Doch sind die Skizzen sehr informativ und völlig ausreichend.

Für die dritte Gruppe, nennen wir sie locker „**einmal STALINGRAD und zurück,**" kommt entweder eine Kombination von örtlichen Wandervorschlägen in Frage oder man hält sich an die gelb-roten oder weiß-roten Markierungen. Das X-Zeichen bedeutet: falsche Fährte. Diese führen - als grandes randonnées geführt - über das ganze Land. Dazu gibt es in französisch hervorragende Wanderführer. Das gibt allerdings eine Wanderung mit Karte, Kompaß und Lexikon.

Eine fleißig erwanderte **Kombination** - in deutsch - aller drei Kategorien bietet der Verlag DuMont, Richtig wandern, Burgund. Wer fast täglich marschieren will, sollte sich auf dieses Büchlein abstützen. **Im Herbst wird gejagt.** Da ist nicht nur wegen der schußfreudigen Jäger, sondern auch wegen der Hunde Vorsicht geboten.

GELD

Wie sonst halt auch, **braucht man in Frankreich Geld.** Selbst die schönsten Augen oder beste Sprachkenntnisse geben keinen hinreichenden Ersatz. Die Franzosen haben als Währung den Franc, abgekürzt FF (Franc Français). Dieses Kürzel ist auf dem Euroscheck im Kästchen „Währung" einzutragen. In der Umgangssprache sagt man auch „balle" für Franc. 100 Centimes sind 1 Franc.

Zur **Barzahlung** hat man (oder man hat nicht) **Münzen** zu 5, 10, 20 und 50 Centimes und zu 1, 2, 5, 10 und 20 FF zur Verfügung. Für Toiletten und die seltenen Münztelefone sind die 1-5 FF-Stücke, für die Einkaufswagen im Supermarkt die FF 10 Münzen notwendig. Das Angebot an **Banknoten** erstreckt sich auf 20, 50, 100 und 500 FF Scheine.

Der Wechselkurs 1993 beträgt 0.29 DM zu FF 1. Allerdings gibt es leichte Schwankungen. Der Wechselkurs verführt dazu, daß man die FF Preise nicht ernst nimmt, da man „hohe" Geldbeträge für seine D-Mark bekommen hat, und die Preise in DM umgerechnet viel „niedriger" sind.

Mit **Euroschecks** kommt man gut durch. Die Banken berechnen jedoch Gebühren, die Einlösebank in Frankreich (der Handel gibt ab und zu diese Gebühr an den Kunden weiter) und die eigene Bank in Deutschland. Die Auszahlung erfolgt in FF und pro Scheck im Moment bis zu FF 1.400.-. Dabei ist die Vorlage des Personalausweises oder Reisepasses notwendig. Auszahlungen in Nicht-Franc-Währungen sind für Ausländer in Frankreich untersagt. Ein Deutscher bekommt in Frankreich auf der Bank kein deutsches Geld. Nicht alle Restaurants und Geschäfte nehmen Euroschecks an! Die Banken sind von Montag bis Freitag, sehr selten Samstag, von 9 Uhr 30 bis 12 Uhr und von 14 Uhr bis 16 Uhr geöffnet.

Die **Kreditkarten** sind in Frankreich groß in Mode. Zwar nicht bei allen Geschäften, aber die Gallier sind uns dennoch munter voraus. Kaufhäuser und Supermärkte nehmen mit Ausnahmen kein Plastikgeld. Der Parkautomat der Tiefgarage, die Péage-Stellen an der Autobahn, die Tankstellen und der Geldautomat der Banken akzeptieren die Karte. An den **Péage-Stellen** der Autobahn soll man **Bargeld** dabei haben, falls der Karten-Automat nicht funktioniert!

Die **Euroscheck-Karte** öffnet auch den Geldautomat, doch nicht jeden. Da sollte man sich eine Liste bei seiner Bank besorgen.

Wichtig: Die Verkäufer achten praktisch nicht darauf, ob die Unterschrift auf dem Kassenzettel mit der auf der Karte übereinstimmt, ganz zu schweigen von einer geforderten Vorlage des Personalausweises.

Nicht zu vergessen ist das **Postsparbuch.** Allein der Inhaber des Postsparbuches erhält gegen Vorlage seines Personalausweises pro Tag den Gegenwert von 1.000 DM und im Monat von 2.000 DM. Der Postsparer soll sich bei einem deutschen Postamt die Liste der geldauszahlenden Postämter in Frankreich geben lassen. Die betreffenden Postämter sind auch Inhabern von Euroschecks zugänglich. Öffnung in der Regel: mo-fr: 9-12 Uhr und 14-19 Uhr. Samstag (nicht überall) 9-12 Uhr.

Übrigens: Morgen ist auch noch ein Tag zum Sparen.

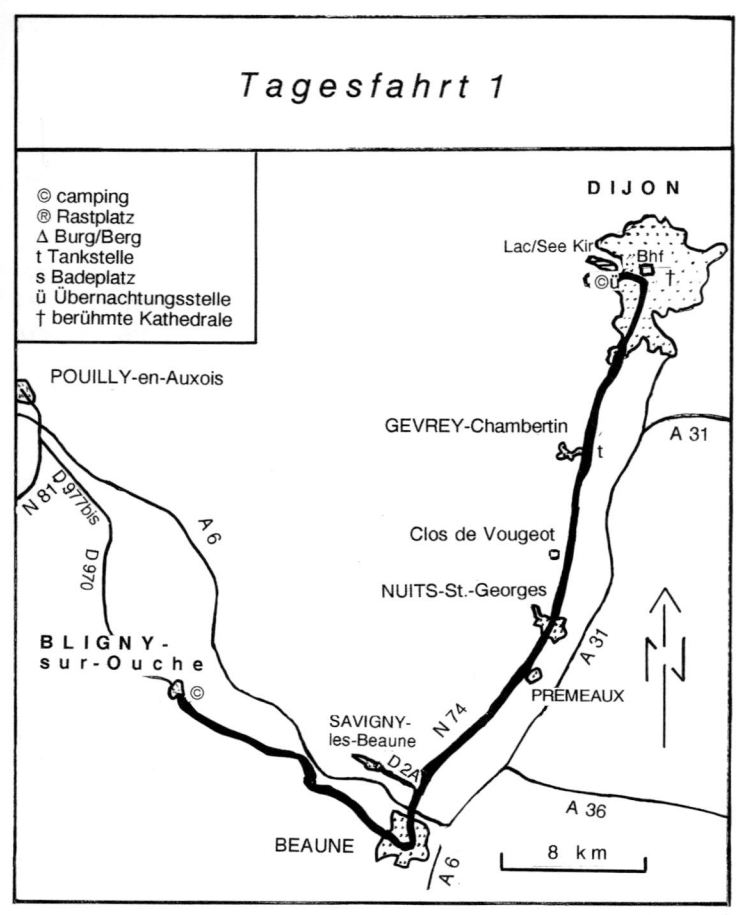

BLIGNY-sur-Ouche - DIJON

Strecke:	BLIGNY * BEAUNE * DIJON
Entfernung:	70 km
Besichtigen:	BEAUNE 1h30, SAVIGNY/Museum 1h, Weinstraße, DIJON 2h
Übernachten:	DIJON, Campingplatz, Ⓤ am 1. Parkpl. des See's/Lac Kir Rtg. PARIS

Weinzähne aufgepaßt

Der Chef kassiert selbst

Nach dem Frühstück kommt der Campingwart mit einer Tasche vorbei. Er grüßt mit Handschlag, und wir bezahlen unsere Platzgebühr. Sofort empfiehlt er uns, BEAUNE anzusehen. Das haben wir auch vor. Die Fahrt geht durch ein Tal, Richtung BEAUNE/D 970, durch ein Waldgebiet mit Parkplätzen zum Rasten. Rechterhand steht auf dem höchsten Punkt ein Sendemast des Fernsehens. Zunächst war es morgens neblig, jetzt drückt die Sonne voll durch. Längs der Straße sind Baumreihen. So spüren wir rasch, wo wir sind. In einer Provinz Frankreichs.

Alkohol auf 3.000 Hektar

Hinter dem Schwertransport fahren wir nach BEAUNE hinein. Die Stadt hat eine Latte von Partnerstädten: KREMS/Österreich, MALMEDY/Belgien, BENSHEIM/Deutschland und eine japanische Stadt. BEAUNE steht für zwei Berühmtheiten: Armenhaus und Wein. Die Weintrauben um die Stadt wachsen auf 580 ha, hauptsächlich für Rotwein. Die einschlägigen Prestige-Namen sind: die Grèves, die Marconnets, der Clos des Mouches, die Bressandes etc. Falls Sie eine Flasche davon bestellen wollen, dann müssen Sie unbedingt Lotto spielen und - gewinnen. Die Côte de BEAUNE zwischen CHAGNY und ALOXE-Corton umfaßt 3.000 Hektar. Die Weinhäuser haben sich im 18. Jahrhundert in der Stadt entwickelt und knüpften an einen schon im Mittelalter blühenden Weinhandel an. Die Kathedralen der Stadt sind die Weinkeller. Schon 1805 schlossen die Verwaltungen des Hôtel-Dieu und der Hospize der Charité ihren Landbesitz zu einem Fast-Monopol zusammen. 538 ha Wälder, 10 Landgüter, 773 ha Weideflächen für die vielen Rindviecher und 53 ha feinstes Weinanbaugebiet. Heute bearbeiten 21 Weinbaubetriebe - Wengerter- in Pacht diese Perlen. Am 3. Sonntag im November wird alljährlich der Ertrag der Hospize versteigert.

Führer und Geführte

Die Stadt ist sehr gefragt und arm an Parkplätzen. Am besten sucht man rasch einen Parkplatz. In der Innenstadt trifft sich fast alles. BEAUNE hat zwar nur 21.000 Einwohner, aber jeder Kulturausflug aus Germanien läuft die Stadt an. Die Ringstraße auf dem alten Festungsgraben gibt eine gute Orientierung. Danach beginnt die Innenstadt. Wer aus der relativ öden, touristischen Einsamkeit der Autobahn A 36 des

Jura kommt, der wird spätestens jetzt aus ihr herausgerissen. Kaum haben wir uns auf den Weg zur Collegialkirche Notre-Dame aufgemacht und sich ihr auf 300 m genähert, werden wir von einer entgegenströmenden Besuchergruppe buchstäblich vom Gehsteig geputzt. Das geschieht nicht aus purer Bosheit, sondern die Führerin marschiert zügig voran. Interessierte Besucher heften sich an ihre Fersen und versuchen, ihre in deutsch gehaltenen Erklärungen mitzubekommen. Die Dame spricht nach vorne, so ist hinter ihr akustische Diaspora. Die

Die Kollegialkirche in BEAUNE

übrige Gruppe hält in Klüngeln Anschluß. In der Kirche ist es angenehmer und ruhiger. Die Kirche ist frisch restauriert. Sie macht einen kalten Eindruck. Der romanisch-gotische Mischmasch aus dem 13. Jahrhundert wird freundlich als romanisch im gotischen Gewand gedeutet. Die tapisseries aus dem 15. Jahrhundert, flämische Wandteppiche mit der Jungfrau Marie als Motiv, sind durch die Bauarbeiten ausgelagert. Die Nachkriegsteppiche auch.

Ohne Lump kein Stifter

Nach der Notre-Dame suchen und finden wir nach 300 m das Hôtel-Dieu, Hostel-Dieu historisch geschrieben. Das kleine Dächlein auf dem „o" machte das s überflüssig. Hostel-Dieu ist dem Namen nach der Palast, das Haus Gottes. So wurde im mittelalterlichen und spätmittelalterlichen Frankreich das Hauptkrankenhaus einer Stadt genannt. Bei der damaligen Medizin waren die Patienten völlig in der Hand Gottes. Die noch bestehenden Hôtels-Dieu haben touristische Karriere gemacht. So in PARIS. Für BEAUNE ist das Hôtel-Dieu so etwas wie der Eiffelturm für die Seine-Stadt, wie das Brandenburger Tor für BERLIN oder wie die asphaltierte Straße für MITTELSDORF/ Thüringen. Wir - und viele andere - stehen vor dem Prachtbau und sehen die touristischen Angebote, die im gegenüberliegenden Verkehrsbüro vorgestellt werden. Apart liest sich ein Hubschrauberflug über die Weingebiete Burgunds. Fast selbstverständlich sind kostenträchtige Einladungen zu Weinproben. Überhaupt scheint die Stadt eine Säufermetropole zu sein und nur aus Weinkellern zu bestehen. Überall nur einschlägige Angebote. Eintritt in das Hôtel-Dieu 25 FF, Student FF 20, Jugendliche von 10 bis 14 Jahre FF 20. Gruppen haben Sonderpreise. Am Eingang gleich rechts ist der touristische Basar. Dort können Eintrittskarten, Ansichtskarten, Bücher, Dias etc über die Stadt und das alte Krankenhaus erworben werden. Den ersten wirklichen Eindruck macht der Innenhof und das Dach. Nicht umsonst wird diese Kombination ständig abgebildet. Der Kanzler von Burgund im 14. Jahrhundert Rolin hat dieses Armenhaus gestiftet. Rolin soll so viele Leute ruiniert haben, daß ein reiches Armenhaus zwingend wurde, meinen zeitgenössische Spötter. Zumindest war ihm diese Ausgabe sein Seelenheil wert. Heute ruinieren manche, arbeitswütige Mitmenschen ihre Gesundheit, um ein Vermögen zu bekommen. Anschließend wird dies ausgegeben, um die Gesundheit wiederherzustellen. So betrieben es die Herren in früheren Zeiten mit ihrem Seelenheil. In den ersten Jahren gar nicht zimperlich mit Mord und Totschlag, kommen ihnen gegen später doch noch Gedanken. Rolin ist einer derjenigen. Ob er sich verrechnet hat, wir wissen es nicht. Im Museum des Armenhauses kann man das berühmte Triptychon des flämischen Malers Roger van der Weyden bewundern. Nicht versäumen sollte man den Krankensaal, die Küche, das Museum und die alte Apotheke mit Zinn- und Fayencegeschirr.

Von Flaschen umgeben

Wir spazieren weiter durch die Innenstadt, kommen an dem dicken Turm, grosse tour, vorbei. Der alte Festungsturm gehört einer Weinfirma (wem denn sonst?), die hier ihre Keller hat. BEAUNE ist von einem Wall von Flaschen umgeben. Wir spazieren an den ehemaligen Wällen entlang zur Bastion Ste-Anne, ein Festungsbereich nach einer Heiligen benannt. Hier ist viel Grünfläche. Wenn es heiß ist, soll man an dieser Ecke ruhig verweilen. Wir biegen nach links wieder in die Innenstadt ein und trinken auf dem Place Carnot einen Café. Dann laufen wir noch ein bißchen in der sich anschließenden Fußgängerzone herum und suchen unser Gefährt auf.

Düsenjäger auf dem Schloßhof

Von BEAUNE Richtung DIJON auf die N 74. Nach 4 km unternehmen wir einen Abstecher von der N 74 nach links auf die D 2A nach SAVIGNY-les-Beaune, SAVIGNY bei Beaune (200 m nach einer Agip-Tankstelle). Dort ist ein großes, privates Technik-Museum im Schloß der Familie Pont untergebracht. Das Schloß in der Ortsmitte ist in erster Linie Sitz eines großen Weingutes und eines Restaurants. Das Museum zeigt 250 Motorräder, 22 Prototypen von Rennwagen und 35 Düsenjagdflugzeuge. Eintritt 25 FF, geöffnet: 9-12,14-18h30. Von SAVIGNY zurück zur N 74 Richtung DIJON.

Die teuersten Reben der Welt

Die N 74 führt durch die Weinfelder der Côte d'Or. Sie ist wohl der teuerste, berühmteste und meistbefahrene Weinbergweg weit und breit. Die Weinreben sind in der Côte d'Or gerade 80 cm hoch. So sehen wir Stelzenfahrzeuge, deren Führerhaus über die Weinreben gleiten. Die großen Räder fahren zwischen den Reihen. Zu beiden Seiten der N 74 breiten sich die berühmten Domänen der burgundischen Weinfürsten aus - soweit das Auge reicht. In den Weinfeldern arbeiten Leute trotz großer Hitze. Aber die verdienen nicht das meiste.

24

Olymp oder:
der richtige Trinker macht den Wein

Ein großer Name steht an der N 74: NUITS-St.-Georges.
Die Côte de NUITS, die Weinfelder von NUITS, das ist wohl das
Weinparadies schlechthin. In NUITS reiht sich ein schickes
Restaurant an das andere. Wegweiser an der Straße zeigen
den rechten Weg zu Weingütern, die ihren Klang haben.
Vielleicht war das der Grund, daß die vorrückenden Badener
und Preußen am 18. Dezember 1870 hier auf harten Wider-
stand der weichenden französischen Truppen gestoßen sind.
Seine Berühmtheit hat der Wein dieser Gegend vor allem durch
Ludwig XIV. erlangt. Der kleingewachsene Sonnenkönig trank
ihn auf Anraten seines Arztes. Die Hofgesellschaft ahmte nach
und wurde auf Burgunderweine eingestellt. Es kommt drauf an,
wer einen Wein trinkt. NUITS ist mit GINGEN am Rhein liiert.

Ein Zutritt zum berühmten Clos de Vougeot

Die Weingüter heißen meistens Clos de .. . Clos heißt
„Eingeschlossenes", also ein Gehöft, ein Gehege. Zahlreiche
Weinfelder sind regelrecht eingemauert, so der Clos de Vougeot.
Kennen Sie dieses Gehöft? Nein? Vor diesem Weingut hatte
im letzten Jahrhundert ein adliger Offizier seine Mannen antre-
ten und den Traubenhaufen militärisch grüßen lassen. Hier
handelt es sich um die Akropolis Burgunds, um alle Wohl-
gerüche des Frühlings usw., so bekunden begeisterte Weinzähne. Die 50 ha haben offenbar den Spitzenruf der burgundischen Spitzenweine inne. Am 16. November 1934 hatten
einige Herren nichts zu tun und gründeten die Confrérie des
Chevaliers du Tastevin,

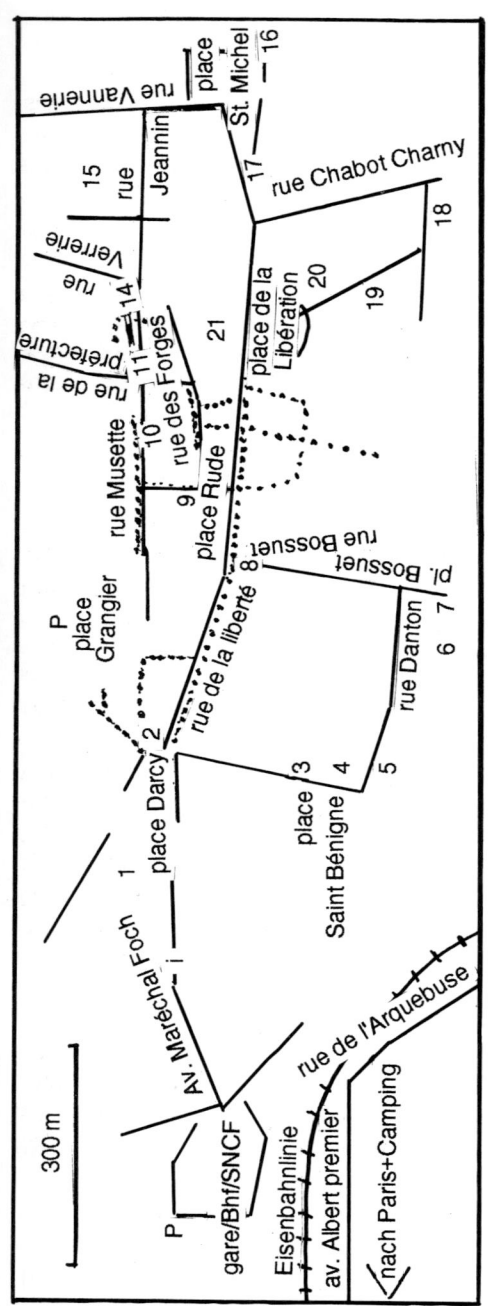

i Office du Tourisme, P Parkplätze, ... Fußgängerzone. 1. Square Dary, 2. Porte Guillaume, 3. Archäologisches Museum, 4. Kathedrale St. Bénigne, 5. roman. Kirche St. Philibert, 6. Théâtre du Parvis, 7. Statue von Bossuet (Rhetoriker und Prälat des 17.Jh, hier im Viertel geboren), 8. Coin du Miroir mit Fachwerkhäusern, 9. place Rude mit Springbrunnen und nacktem Mann, 10. rue des Forges früher Hauptstraße der Stadt, 11. gotische Kirche Notre-Dame, 12. Skulptur La Chouette (die Eule), 13. Maison Millière/Hôtel de Vogué, 14. Fachwerkhäuser, 15. Maison des Cariatides, 16. Kirche und Platz St. Michel, 17. ehemalige Abtei St, Etienne/Sitz der Handelskammer, 18. Stadtbibliothek, 19. Gerichtsgebäude des 16.Jh. 20. Hôtel Vesvrotte (Handwerkskammer) mit Skulpturen, 21. Palast der Herzöge und der Burgundischen Stände/Rathaus+Kunstmuseum.

Plan der Innenstadt von DIJON

die Brüderschaft der Ritter des Weinsaugröhrchens. Im November 1944 kauften die Brüder das Schloß des Weingutes. Die hatten offenbar damals keine andere Sorgen. Vielleicht war das Gütle gerade besonders günstig zu erwerben. Wer weiß? Seither trifft sich die Brüderschaft der Ritter circa 20 mal im Jahr in vollem Ornat. Wie wichtig der Verein eigentlich ist, wird schwerlich nachvollziehbar sein. Heute zählt die Ehrenlegion der Rebensaftkoster 10.000 Mitbrüder. Zu den Treffen erscheinen jedoch um die 500.

Ritter und von Adel zu werden ist für manchen Demokraten ein echtes Lebensziel, auch außerhalb von Fasnet, Fasching, Karneval. Wenn Ihr Tank vor lauter Ritterherrlichkeit nach Sprit dürstet, 4 km weiter in CHEVREY-Chambertin gibt es eine preiswerte Tankstelle auf der rechten Seite der N 74.

Stadt der Götter

DIJON kommt von „Divio", die göttliche Stadt, oder die Stadt der Götter. Die römischen Legionäre nannten so ihr Militärlager, das hier mal stand. Soldatenspott oder Tatsachenbeschreibung? Weitere konkrete Anhaltspunkte für Göttlichkeiten finden sich nicht. Es sei denn, Engel besuchen die Stadt. Dann können Götter nicht mehr weit sein. Wir orientieren uns in DIJON gleich nach centre-ville. Dabei überqueren wir den Canal de Bourgogne und die Ouche. Der Blick fällt auf die Kathedrale. Weiterfahrt zum Campingplatz Richtung A 38 PARIS/NEVERS auf der avenue Albert Premier längs und links der Bahnlinie, dann knapp 1 km nach dem Bahnhof -100 m nach einer total-Tankstelle - nach links Richtung A 31 LYON einordnen, in der Kurve sofort nach rechts einfädeln. Nach 100 m rechts in eine kleine Straße. Die führt an den Kanal und zum Campingplatz.

Falls man nicht abbiegt, sondern Richtung PARIS weiterfährt, kommt man nach 200 m zum Lac Kir. Auf dessen ersten Parkplatz kann man sein WOMO über Nacht abstellen. Dieser See mit seinem großen Freizeitangebot ist Teil der zahlreichen Grünanlagen der 150.000 Einwohnerstadt. Kir (1876-1968) war 22 Jahre Oberbürgermeister und Abgeordneter von DIJON.

Militärs und Straßen

Start der Besichtigung beim Bahnhof:

Vom Bahnhof erreichen wir über die Avenue Foch den Park Square Darcy mit dem Ours polaire de Pompon, dem Polarbären. Foch war 1917/18 der Oberbefehlshaber der Armeen Frankreichs, Großbritanniens und der Vereinigten Staaten in Frankreich. Der gute Mann, mit Feldherrnképi 1.69 m groß,

Markt vor den Hallen in DIJON

träumte von einem französischen Rheinufer mit Köln und Koblenz als Grenzstädte Frankreichs. Keine französische Gemeinde kommt seither ohne eine Avenue oder einen Boulevard Foch aus. Überhaupt haben die Franzosen eine enge Beziehung zwischen ihren Militärs und ihrer Straßenbenennung entwickelt. Aus dem Ersten Weltkrieg pflegen sie Foch und Joffre, die tatsächlich einen Beitrag zur Abwehr der deutschen Armeen geleistet haben. Den großen Verteidiger von VERDUN, Marschall Pétain haben sie aber nach 1944 völlig getilgt. Pétain entschied sich als Staatspräsident Frankreichs von 1940 - 44 für eine Zusammenarbeit mit Deutschland. Eine Alternative gab es eigentlich nicht. Pétain wurde nach 1944 zur Unperson. Allerdings läßt heute Mitterand am Grab Pétains am Waffenstillstandstag des 1. Weltkrieges (18. 11.) einen Kranz niederlegen. **Nach dem Krieg** kamen bei der Straßenbenennung diejenigen französischen Militärs zum Zuge, die sich de Gaulle angeschlossen haben, und die in der Lage waren, 1944/ 45 mit marokkanischen Mannschaften, französischen Offizieren, amerikanischen Waffen, Gerät, Fahrzeugen, Sprit und Verpflegung hinter und neben den Amerikanern nach Deutschland zu fahren. Paradebeispiel ist Lattre de Tassigny. Seinem Ruhm als Straßennamensgeber tat es keinen Abbruch, daß er 1954 in Indochina das ganze französische Expeditionskorps in den Sand bzw. in den Dschungel gesetzt hatte. Napoleon könnte heulen und wird es auch.

Wende ohne Ende

Gegenüber dem Place Darcy steht das Wilhelmstor, die porte Guillaume. 1788, ein Jahr vor der großen Revolution, errichteten die Dijoner Stadtväter an dessen Stelle den Triumphbogen. Wahrscheinlich zu Ehren des Königdarstellers Ludwigs XVI. 1789 machten die Herrn die Wende. Die Republik putzt und renoviert heute kräftig den Bogen. Wir lassen das Triumph-Gebilde links und gehen nach rechts in die rue Docteur Maret. Wir passieren das Archäologische Museum in den Gebäuden der ehemaligen Benediktinerabtei (Öffnung außer dienstags 9.30 bis 18 Uhr von Juni bis August, sonst von 12 bis 14 Uhr geschlossen). Vor dem Archäologischen Museum ist ein hübscher kleiner Park mit hohen Bäumen. Wir gehen weiter nach links zur Kathedrale St.-Bénigne. An ihrer Restauration wird eifrig gearbeitet. Bei der Kathedrale St.-Bénigne ist die Schule der Schönen Künste, des Beaux Arts. Wir gehen um die St.-Bénigne Kathedrale herum nach links. Über die gotische Kathedrale erhebt sich eine elegante Turmspitze mit -berühmten- Figuren aus dem 19. Jahrhundert. Ihre

Orgel ist ebenso eine Kostbarkeit. St.-Philibert liegt auf der anderen Straßenseite. Philibert ist eine romanische Kirche mit einer Turmspitze von 1513.

Weiter auf der Rue Danton zum Place Bossuet. Die anschließende Rue Bossuet bringt uns zur Rue de la Liberté. Man sieht auf der Straße, an den Geschäften, den Menschen, daß es sich in DIJON um eine Hauptstadt einer Region und eines Herzogtums mit großer Vergangenheit handelt. Die Rue de la Liberté streift den Place François Rude.

Nackter Mann

Der Springbrunnen am Place Rude wird von der Statue Bareuzai gekrönt. Der zum Ansehen aufgestellte, durchtrainierte junge Tarzan ist mit einem nicht ganz ausgewachsenen Feigenblatt bekleidet. Der Kleinblatt-Träger ist jedoch nicht der Spieljunge der reiferen oder unreiferen Dijoner Damenwelt, sondern mimt das Bild des Winzers der Stadt, der die Trauben im Zuber mit den Füßen zerstampft. Wie einst Odysseus und seine Gefährten. Auch reiche Weinbauern mit hohem Öchslegrad haben ihre Träume. Die Rue Rude und die Rue des Forges münden am Feigenblatt. Beide Straßen sind zusammen mit der Rue Musette Fußgängerzonen. Die Rue Musette kreuzt die Rue Rude. An der Ecke beider Straßen liegen die Hallen von Dijon.

Die Fußgängerzonen darf der Anliegerverkehr nutzen. Am Place Rude ist gerade Markt. Obwohl in den umliegenden Geschäften ein viel größeres Warenangebot herrscht, ist auf dem Markt einiges los. Man kann sich mit Hilfe eines Personalcomputers einen persönlichen pin's anfertigen lassen für 35 FF. Vielleicht auch mehrere für Freunde und Gönner. „Pin's" ist das Abzeichen und eine Krankheit in Frankreich. Jeder Verein, jede Aktion, jede Gemeinde, keiner ohne eigenen Pin's. Die Ordensbrust eines verdienten Kämpfers der Arbeiterklasse und Hauptmarschalls der ruhmreichen Sowjetarmee ist pin's'-mäßig eine trostlose Einöde gegenüber dem, was ein normaler Franzose alles anheften könnte.

Wir gehen weiter in die Rue Musette an den Hallen aus dem 19. Jahrhundert vorbei. Am Ende steht eine Notre-Dame, eine gotische Kirche aus dem 18. Jahrhundert. Ein Turm mit Uhr von 1384 (Jacquemart) überragt die Kirche. Innen wird die Schwarze Jungfrau, eine der wichtigen Zeugen der Geschichte von DIJON gehütet. An der Nordseite in der Rue de la Chouette, sehen wir eine Skulptur auf einer Säule, eine Eule. Die Berührung der Eule verspricht Weisheit und Glück. Der Andrang ist gering. Wir gehen über die Rue Verrerie zur Rue Chaudronnerie nach rechts, stoßen auf die rue Vannerie und nach rechts zum Place St.-Michel. Unterwegs zeigt sich das Maison Millière aus dem Ende des 15. Jahrhunderts. Es beherbergte damals einen Laden. Die Rue Verrerie bietet zahlreiche Fachwerkhäuser. Ein einzigartiges Äußeres zeigt das Maison des Cariatides aus dem 17. Jahrhundert in der Rue Chaudronnerie. In der Rue Vannerie wohnten die Reichen des 18. Jahrhunderts. Dort steht auch die Burgwarte Le Compasseur. Der Place St.-Michel ist eine architektonische Mischung der Zeit vom 15. bis 17. Jahrhundert. An allen bedeutenden Bauten ist eine Tafel in Französisch, Englisch und Deutsch angebracht.

Glanzvolle Hauptstadt eines glanzvollen Reiches

Über die Rue Vaillant, den Place du Théâtre kommen wir auf den Place de la Libération. Dort herrscht Repräsentation. Der halbkreisförmige Platz, ehemaliger königlicher Platz mit seinen Arkaden, ist der Mittelpunkt von DIJON. Hier wird die alte Hauptstadtherrlichkeit jedes Jahr zum 14. Juli, dem französischen Nationalfeiertag demonstriert. Vom Place Darcy über die Rue de la Liberté zum Place de la Libération paradieren Einheiten der Garnison und der Polizei. Der Platz ist ohne Denkmal. Der historischen Ordnung halber müßte einer der Großen Herzöge Burgunds, Karl der Kühne zum Beispiel sein stolzes Haupt in das Universum des Ruhmes recken. Aber das schien und scheint die Pariser Zentrale nicht zu verkraften. Die tapferen Burgunder hingegen wollten vermutlich nicht zu irgendeinem bronzenen Versailler Höfling oder Oberhöfling aufschauen müssen. So bleibt der Kompromiß der kreativen Leere. Der Name der Straße der Freiheit bezieht sich auf die Revolution von 1789. Der Platz der Befreiung nicht.

Der Palast der Herzöge und der Burgunder Stände bilden zusammen ein ordentliches Monumentalbauwerk mit drei Innenhöfen. Die Steinesammlung steht seit dem 17. und 18. Jahrhundert. Krönung ist der Turm Philippe le Bon. Der wird gerade für über fünf Millionen Francs (1.5 Mio DM) restauriert. Heute befindet sich der Sitz der Stadtverwaltung und der des Generalrates der Region und das Kunstmuseum in diesem Gebäude (Kunstmuseum wochentags außer dienstags 10-18 Uhr geöffnet, sonntags zwischen 12.30 und 14 Uhr geschlossen).

Wir ziehen wieder zurück. Unterwegs sehen wir Stadtbusse, die mit Sonnenblumen-Diesel, dem Diester, fahren. Wir gehen abends noch am See Kir spazieren. Vom Camping nach rechts längs der Ouche. (Bus 12+20 zum Camping/Haltestelle Hôpital Richtung Fontaines d'Ourche, Gegenrichtung centre-ville)

Tagesfahrt 2

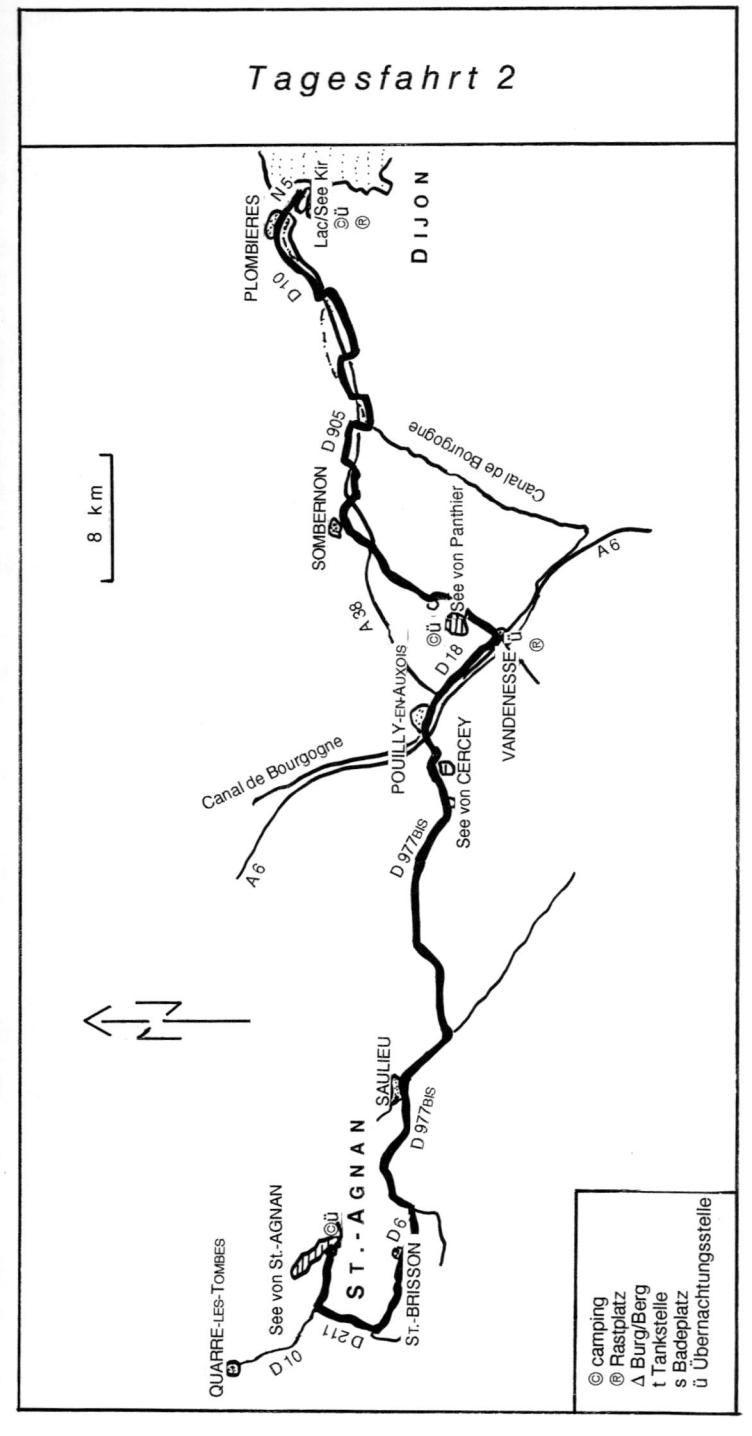

8 km

© camping
® Rastplatz
Δ Burg/Berg
t Tankstelle
s Badeplatz
ü Übernachtungsstelle

DIJON - See von St.-AGNAN

Strecke:	SOMBERNON * POUILLY en-Auxois * SAULIEU * St.-AGNAN
Entfernung:	120 km
Besichtigen:	Canal de Bourgogne, SAULIEU 1h, Museum der Résistance 1h,
Wandern:	Spaziergang am See St-AGNAN 1h
Übernachten:	Camping am See von St.-AGNAN, Ü 150 m vom Campg vor der Brücke rechts am Wald und Seerand.

Fußgänger bei 45 km/h

Wir verlassen den Campingplatz, fahren nach rechts auf die Straße und ordnen uns nach links Richtung PARIS/N 5 ein. Weiter durch PLOMBIERE-les-Dijon. Rechts verläuft die Bahn. Dann Richtung VELARS-sur-Ouche auf der D 10F entlang der Ouche. Auf dem anderen Ufer verläuft die A 38. Keinerlei Weinberge. Das traute Wiesental schmiegt sich zu beiden Seiten mit aufragenden Felsen. Rechts rauscht die Bahn über einen respektablen Viadukt. Auf den Wiesen tummeln sich braungescheckte Kühe. Die Strecke ist ziemlich ruhig. Doch Fahrradfahrer zuhauf. Die Ortsdurchfahrt von VELARS ist wie üblich auf 45 km/h begrenzt. Wir halten uns auf jeden Fall daran. Gerade in kleineren Orten bewegen sich die Menschen unbekümmerter und selbstbewußter gegenüber Autofahrern über die Straße als in den Verkehrsmolochen der Städte. Ein Restaurant hat über die Straße gebaut. Vielleicht diente das Loire-Schloß Chenonceaux als Vorbild. Im Ort häufen sich die künstlichen Hindernisse. Die Fußgängerüberwege sind höher gelegt. Am Ortsende sehen wir rechts einen weiteren großen Eisenbahnviadukt. In VELARS weiter nach SOMBERNON. Links unterhalb der Straße ist ein ehemaliges Waschhaus ausgebaut. Von hoch oben auf dem Berg grüßt über VELARS eine Madonna. Wir überqueren die Ouche dann den Canal de Bourgogne und biegen nach rechts ein in die D 905.

Freude kommt auf. Ein ausgewachsener Platzregen verdunkelt die Aussicht. An der Wegkreuzung vor SOMBERNON nicht nach SOMBERNON-centre, sondern auf der D 935, dann auf die D 977bis an SOMBERNON vorbei. Links unten breitet sich die Landschaft aus.

Schlösser, Klatschmohn, Vogelscheuchen

Richtung COMMARIN. Das Dorf COMMARIN zählt 150 Einwohner und ein Schloß in privatem Besitz. Die Bauten stammen aus der Zeit nach 1700 mit Resten aus dem 14. Jahrhundert. Privat heißt bezahlter Eintritt. Öffnung von Ostern bis Allerheiligen außer dienstags 10-12h, 14-18h, 30 FF für Erwachsene. Aber nicht sonderlich lohnend. Reizend ist der große Schloßpark. Vom Haupttor des Schlosses führt ein Weg Foto S. 34 Höhe 6,4 Breite 9,5

Schloß Commarin

kerzengerade aus dem Schloß heraus in die Wiesen und Felder. Der Weg ist gesäumt von Bäumen. Unser nächstes Ziel ist VANDENESSE-en-Auxois. In Burgund ist eine Burgen/ Schloßstraße eingerichtet, die wir immer wieder streifen. Ohne ihr ständig zu folgen, treffen wir laufend auf zu Schlössern umgebaute Burgen und auf Neubauten des 18. Jahrhunderts. Der Reiz der Schlösser liegt in ihrem Äußeren und oft in ihrer Lage.

Zwei Kilometer vor VANDENESSE, in BORDES, führt eine kleine Straße nach rechts zum Réservoir de Panthier. Dort sind zwei Campingplätze, Bademöglichkeiten und ein schöner Strand. Zurück zur D 977bis. Links auf dem Bergrücken ist die Silhouette von Châteauneuf zu sehen. Vor der Brücke über den Canal de Bourgogne nach rechts auf die D 18 nach CRÉANCEY. Falls Sie einen kleinen Hafen sehen wollen und etwas rasten, gibt es über die Brücke links ein nettes Plätzchen (Ü+R) am Hafen des 800 Seelenortes VANDENESSE. Auf den Feldern steht Klatschmohn. Links zieht der Kanal seine Bahn. Er wird bald, zwischen La LOCHERE und CREANCEY im Berg verschwinden und in POUILLY-en-Auxois wieder herauskommen. Wir schauen uns dann den Kanaltunnel in POUILLY an. Die Weizenfelder werden durch Vogelscheuchen geschützt. Die D 18 geht in Schlangenlinie durch die Felder. Hohe Hecken begrenzen die Straße. Mitten im Gelände steht ein zweistöckiges Ferienhaus mit einem Holzhäuschen im Garten. Weiter nach POUILLY-en-Auxois/SAULIEU.

POUILLY mit seinen 1.500 Einwohnern hat eine Partnerschaft mit dem schwäbischen LENNINGEN (Big-STUTTGART liegt dort in der Nähe). In POUILLY fahren wir Richtung Campingplatz. Dabei kommen wir an den **Kanal und dessen Eintritt in den Berg**. Der Tunnel ist 3.333 m lang und verbindet Seine und Rhône. Er wurde 1822-32 von Bergleuten und von Sträflingen gebaut. Die Kähne werden mit einer Kette durch den Kanal gezogen. Anfangs wurden die Schiffe von Matrosen durch den Tunnel gestoßen. Sie stützten ihre Füße in den

Ich hab's

Einfahrt in den Berg in POUILLY

noch sichtbaren Löchern der Kanalwand ab. Nach 10 Stunden erreichten sie das andere Ende des Tunnels. Heute geht es etwas schneller. Zwei Drittel der Schiffe sind Freizeitboote.

Zurück auf die Hauptstraße nach rechts bis zum Platz des Kriegerdenkmals, dort nach rechts Richtung THOISY-le-Désert/Réservoir de CERCEY. Wir bekommen noch einen Eindruck von den hübschen Läden von POUILLY. Dann nach CERCEY. Ein schmaler Schotter-Weg. Wir kommen über eine vergessene Bahnlinie, über die nichtvergessene A 38. In dem Dorf CERCEY an einem Platz mit Kreuz nach rechts zum See. Am See ist ein Teil des Ufers fest in privater Hand. Nach der linken Seite kann man an das Ufer direkt kommen. Wir fahren aber rechts am See vorbei, genauer an seiner Staumauer. Das Sträßchen C 6 verläuft durch den Wald nach DIONNE und stößt in SAUSSEAU auf die D 977bis. Die C 6 ist für Gespanne etwas schwieriger aber befahrbar. Weiter nach SAULIEU. Die Dörfer wirken ungemein verlassen. Die Sonne meldet sich vehement zurück. Wir fahren in einem Bachtal. Durchfahrt durch MELIN. Schon mal davon gehört? Ich auch nicht. Am Straßenrand wird der Naturpark Morvan angekündigt. Auf den gemähten Wiesen liegt das Heu zu großen Ballen gerollt herum. Wald und Wiesen wechseln sich ab. Die D 977bis ist frisch hergerichtet. Der Zusatz „bis" bei einer Straße bedeutet „Ausweichstraße". Unter uns braust der TGV mit 270 km/h Richtung SAULIEU./N 6.

36

Der Stier auf dem Sockel

In SAULIEU ist an der N 6 ein großer Parkbereich angelegt. Der Platz wird nach dem 20. Juni 1940 benannt. Damals hatten französische Einheiten hier den deutschen Vormarsch für einige Stunden aufgehalten. Gespanne dürfen in die Innenstadt nicht rein. Die kleine, anmutige Stadt ist rasch durchquert. Die romanische Basilika, die uns gleich begrüßt, wurde über der vermutlichen Richtstätte der beiden Heiligen Andoche und Thyrse Anfang des 12. Jahrhunderts erbaut. 1359 plünderten die Engländer das unbefestigte Städtchen. Daraufhin wurde eine Mauer gebaut. Von der steht nur noch der massive Turm von Auxois. Die Stadt ist mit den Farben aus ganz Mittel- und West- Europa beflaggt. Viele kleine Geschäfte, zwar kein ausgesprochener Fußgängerbereich, erfreuen den Besucher. Heute leben die 3.200 Einwohner u. a. von Touristen und Weihnachtsbäumen. Die werden (die Weihnachtsbäume) in

Freunde für's Leben

Massen in den nahen Wäldern des Morvan geschlagen und über SAULIEU vor allem nach PARIS aber auch sogar nach Afrika verkauft.

Wenn wir die N 6 Richtung AVALLON weitergehen, so taucht an der linken Seite das Denkmal eines Stieres auf. Überraschung. Eine Bronze-Masse in Frankreich ist entweder ein Gelehrter, und der sitzt. Aufrecht mit Blick frei geradeaus in die Weite des Himmels, diese Haltung nehmen zuallermeist Militärs ein, die nahe genug am Ruhme waren und weit genug vom Feind, um für den Nachruhm sorgen zu können. Und jetzt steht da aufrecht ein Rindvieh. Der Grund ist einfach. Ein in Frankreich nicht unbekannter Bildhauer, der sich auf die Darstellung von Tieren gestürzt hatte, ist in SAULIEU geboren. Es ist François Pompon (1855-1933). Er hat auch die Darstellung eines Polarbären geschaffen. Eine Kopie steht am Place Darcy in DIJON.

Résistance oder Robin Hood

Weiter auf der D 977bis Richtung MONTSAUCHE-les-Settons/Quarré-les-Tombes. Wir sind bereits im Park Morvan. Helle Charollais-Rinder weiden herum. Gemischter Wald und Farnhecken kleiden die Straße ein. Abbiegen in die D 26A. Die D 26A wird an der Départementgrenze Côte d'Or/Nièvre zur D 6. Schmucke Zweitwohnsitze in Sichtweite. Die Straße dampft durch den Regen. Wir erreichen das Maison du Parc, das Haus des Naturparks Morvan. Der Weiler nennt sich Petites Fourches und gehört zu St.-BRISSON. Das Haus ist Teil eines ehemaligen Bauernhofes mit prächtigem Baumbestand und erfüllt die Aufgabe eines Touristenbüros. Daran ist eine Ausstellung über die Résistanceaktivitäten im Morvan angeschlossen. Die freundlichen Damen im Büro sind auch für die Ausstellung zuständig. Sie verkaufen die Eintrittskarten und erklären auf französisch. Sie erweisen sich aber Nachfragen gegenüber ziemlich hilflos. In diesem Zusammenhang muß man sagen, daß viele Franzosen in Geschichte wenig beschlagen sind, wie Menschen anderswo auch. Sie leben im Zweifelsfall von Vorurteilen oder von irgendwelchen sich davon kaum unterscheidenden Fernseheindrücken. Die Tafeltexte an den Ausstellungsstücken sind englisch und französisch. Das erscheint mittlerweile sinnvoll, denn die Inhalte wirken nicht sonderlich zeitgemäß, und so fällt es nicht allen auf. Es scheint, daß entsprechende Kreise ihre eigene Erinnerung an die Résistance wachhalten wollen. Robin Hood im Morvan? Was die Résistance wirklich war, bleibt unklar. Böse Zungen meinen, der weitaus größte Teil der Résistance sei nur indirekt vorhanden, nämlich durch die

Racheakte der Deutschen, der französischen Miliz und durch die gewaltige Denkmalkultur, evtl. noch durch die Erschießungsaktionen an sogenannten Kollaborateuren nach dem Rückzug der Wehrmacht. Die 1945 herrschende, alles andere verdrängende Wahrheit soll wohl für immer gelten. Die Ausstellung ist dennoch oder gerade sehenswert. Materiell erweckt sie einen dürftigen Eindruck. Jedes Heimatmuseum einer (west) deutschen Kleinstadt mit seinen unendlich wertvollen Römerscherben - eine klimatisierte Entsorgung des antiken Hausmülls - und Kochtöpfen von 1893 aus dem Haushalt der Urgroßmutter des 2. Vorsitzenden des örtlichen Geschichtsvereins ist publikumswirksamer ausgestaltet. Finanziert wird die Ausstellung vom Staat, der Region und dem Département. Sie wurde als Dauerausstellung erst 1981 staatlich genehmigt und am 26. Juni 1983 von Mitterand selbst eröffnet. Fachliche Kontrolle übt eine Kommission aus, die dem Staatssekretär für die ehemaligen Kriegsteilnehmer untersteht. Sie trägt den klangvollen Namen: „Historische Informationskommission für den Frieden." Gemeint ist sicherlich der innere -historische- Friede in Frankreich.

Das schwarze Gewässer

Zurück zum Parkplatz. Dabei entdecken wir einige Pferde, die auf der Wiese weiden. Weiter Richtung QUARRÉ-les-Tombes/St.-AGNAN. Die Fahrt geht durch ein Waldstück. Die Bäume ragen über die Straße. Man kann von Petites FOURCHES direkt über die D 20, dann D 226 nach St.-AGNAN gelangen. Ein zweiter Weg führt nur durch Wald. Es ist ein kleiner Umweg. Er geht über die D 6 und die D 211. 11 km vor QUARRÉ-les-Tombes Abzweigung nach rechts nach St.-AGNAN. Wir stoßen auf den Camping am See, camping du lac. Der Camping ist an ein Restaurant angeschlossen. An der gegenüberliegenden Seite ist ein weiterer Camping, der allerdings nicht am Ufer liegt. Er ist innerhalb eines Feriendorfes angelegt, village de vacances, Richtung parking. Unweit von dem Camping/Restaurant, nur 150 m, führt ein schmaler Damm zwischen zwei Seen. Vor Beginn des Dammes liegt rechts ein Wäldchen an dem zweiten kleineren See. Dort läßt es sich halten. Ein Weg führt um den See, der meist von einem begehbaren Wald umgeben ist. An den See kommt man allenfalls noch zu Fuß heran. (Ausnahme Camping und Feriynhaussiedlung gegenüber des Camping/Restaurants) Da das Wasser aufgrund der Tiefe von mehreren Metern immer dunkler wird, kam er zu dem Namen das „schwarze Gewässer". Der Tannenwald an seinen Ufern mag dazu beigetragen haben.

Tagesfahrt 3

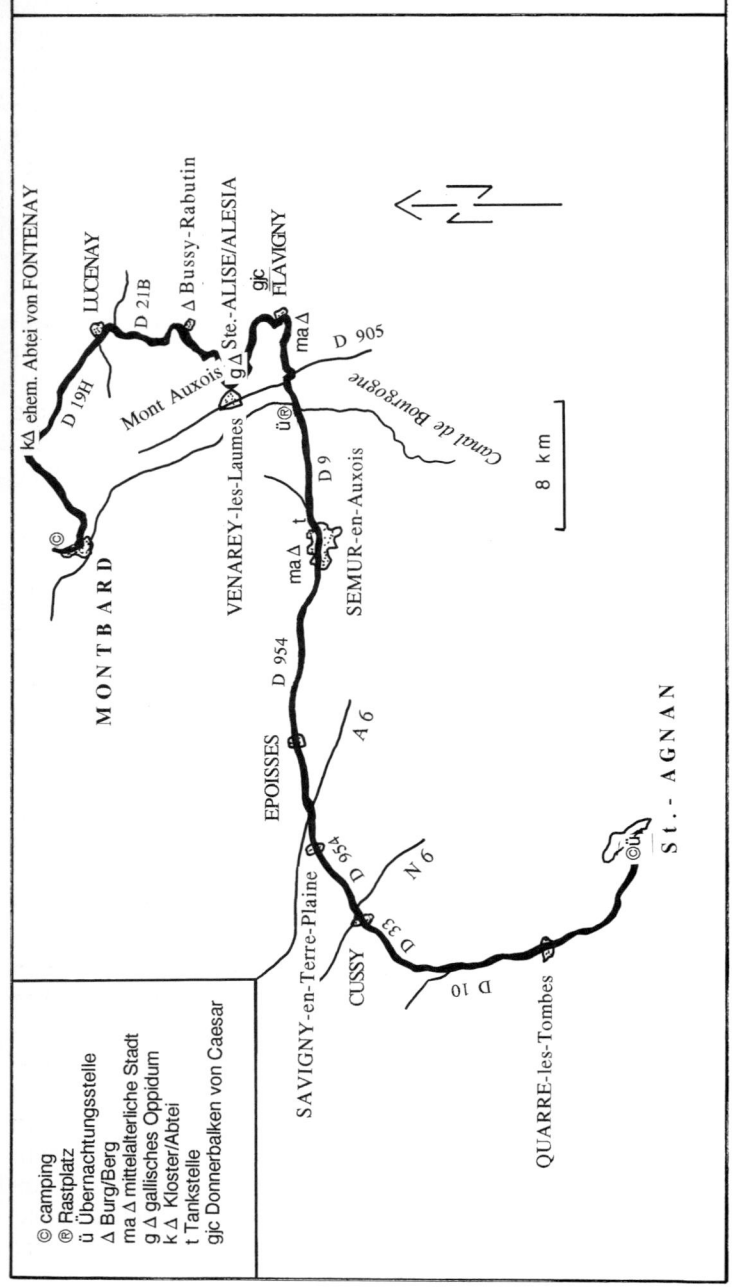

camping
Rastplatz
ü Übernachtungsstelle
△ Burg/Berg
ma △ mittelalterliche Stadt
g △ gallisches Oppidum
k △ Kloster/Abtei
t Tankstelle
gjc Donnerbalken von Caesar

8 km

MONTBARD

k△ ehem. Abtei von FONTENAY

D 19H

LUCENAY

D 21B

△ Bussy-Rabutin

Ste.-ALISE/ALESIA

gjc
FLAVIGNY

Mont Auxois
g△

ma△

D 905

VENAREY-les-Laumes

ü®

D 9

ma△ t

SEMUR-en-Auxois

Canal de Bourgogne

D 954

EPOISSES

A 6

D 954

SAVIGNY-en-Terre-Plaine

N 6

CUSSY

D 33

D 10

QUARRE-les-Tombes

St.-AGNAN

ü

40

St.-AGNAN - MONTBARD

Strecke:	QUARRÉ-les-Tombes * SEMUR-en-Auxois * Ste-ALISE * LUCENAY-le-Duc * MONTBARD
	heute mit Vercingetorix
Entfernung:	140 km
Besichtigen:	SEMUR 1h3o, FLAVIGNY 1h, ALÉSIA 1h, Abtei FONTENAY 1h
Übernachten:	MONTBARD, Camping

Sonntags über Land

Nach QUARRÉ-les-Tombes. QUARRÉ ist ein nettes Ferienörtchen. In der Mitte ist ein Park mit beachtlichem Baumbestand. Das Rathaus wirkt etwas ärmlich. Weiter Richtung AVALLON auf der D 10. Die Straße führt über offenes Gelände. Dann auf die D 33 nach CUSSY-les Forges. Wald und Wiesen wechseln sich ab. Keine Kühe. Die Dörfer wirken sehr verlassen. Alte Häuser werden ausgebaut. In CUSSY weist ein Schild auf Kuhverkehr. Weiter Richtung SEMUR-en-Auxois/D 60, dann D 954 vorbei an der Kirche. Die Glocken läuten gerade und vermitteln eine sonntägliche Atmosphäre.

Es grüßt der Kirchturm von St.-ANDRÉ-en-Terre-Pleine. Er ragt vor dem Horizont nach oben. Wir überqueren die Bahnstrecke. Die Schranke wird noch mit der Hand betrieben, und neben dem Übergang steht das Bahnwärterhäuschen. St.-ANDRÉ hält uns nur wenig auf. Der nächste Kirchturm zeigt sich. Da die Orte recht klein sind, keine Hochhäuser haben, läßt es sich fast von Kirchturm zu Kirchturm fahren. Der auftauchende Turm gehört zu SAVIGNY-en-Terre-Plaine, zu deutsch Savigny in der Ebene. Tatsächlich ist die Landschaft ziemlich eben. Die dünne Besiedlung des Morvan und seiner angrenzenden Gebiete kann man hautnah erleben. Die Infrastruktur ist natürlich entsprechend dünn. Die Dörfer machen einen aufgeräumten, gepflegten Eindruck. Frankreich wird offenbar immer germanischer. Die Sonne hellt sich auf und der Blick weitet sich über die Hügellandschaft. Ein einzelnes Kreuz beschützt den Passanten. Wir überqueren die Autobahn A 6 und 2 km später die Rennstrecke des TGV. In TOUTRY hat der rapide-marché sonntagvormittags auf.

Käse und Hofklatschreste

Wir machen ÉPOISSES unsere Aufwartung. Das Schloß von EPOISSES sieht wie ein halbierter Apfel aus. Die Revolutionäre hatten 1793 eine Hälfte abgetragen. Die Schloßherrn saßen derweil im Gefängnis in DIJON. Der Rest ist nach außen trutzig mit Wall und Graben ausgestattet, nach innen freundlich, sogar liebenswert. Im Juli/Aug von 10-12h und 15-18h außer dienstags, Park 9-19h zu besichtigen. Im Schloß werden 76 Briefe der Madame Sévigné aufbewahrt. Die Dame lebte im 17. Jahrhundert in Klatschnähe des Sonnenkönigs Ludwigs XIV. Sie reiste viel und nervte ihre Tochter und andere durch ständiges Briefeschreiben. Heute wäre sie vermutlich vom Telefon nicht wegzukriegen. ÉPOISSES ist zudem durch seine Käseproduktion bekannt. Auf die Käsefabrik weist im Ort das Schild „Fromagerie" hin.

Schloßgraben von ÉPOISSES

Mantel- und Degenfestung SEMUR-en-Auxois

Die Witterung im Morvan ist kühler als in Süddeutschland. Wenn die Sonne scheint, ist die Hitze weit weg von der Mittelmeersauna. Die Landschaft strahlt eine angenehme Ruhe aus. Spontan halten wir und laufen einige Meter in die Felder und Wiesen. Vögel zwitschern.
Auf der D 954 weiter nach SEMUR durch Getreidefelder. Durchfahrt durch POULIGNY. Hinweis auf das Schloß Bourbilly in 6 km. Wir sind gerade wieder auf der Burgenstraße. An den Ortseinfahrten sind für die katholische Kirche die Gottesdienste (messes) angegeben. Die protestantischen Gottesdienste (cultes) sind weniger angekündigt.

Film, Fels und Festung

Wir fahren in die modernen Außenbezirke von SEMUR rein. Die Stadt ist mit HÖHR-GRENZHAUSEN bei KOBLENZ liiert. Mehr als hundert Gewerbetreibende am Ort sorgen für Sie. Am besten parkt man so rasch es geht noch vor der Brücke über den Armançon. So bekommt man als Fußgänger die prachtvolle Silhouette der Stadt mit. Denn rasch öffnet sich ein herrlicher Blick auf SEMUR, das auf und an einen rötlichen Granitfelsen gesetzt ist. Das Panorama hat alles: Fluß, tiefe Schlucht, steile Festungsmauern, mächtige Türme, hohe Rundbogenbrücke. Kein ordentlicher Mantel- und Degenheld, der nicht hier auf der Mauer dieser Brücke in diesem Panorama die feigen Verräter des Königs, des Abendlandes, die heimtückischen Entführer einer hinreißend schwarzbraun glutäugigen, knapp 17jährigen ländlichen, weißblonden Unschuld, die noch an Männer und Helden glaubt, meisterlich niederkämpfen und in die gurgelnde Tiefe des Armançon stoßen wollte.

Vor diesem Hintergrund sind natürlich schon einige Filme gedreht worden. Louis de Funès hat seine Komödiantenfähigkeit hier unter Beweis gestellt.

Junges Blut auf altem Pflaster

Wir marschieren über eben diesen Armançon, der in dem tiefeingeschnittenen Tal halbkreisförmig um SEMUR herumfließt und schauen respektvoll hoch auf die Festungsanlagen. Die Brücke Joly von 1787 ist mit den Farben Burgunds und der Stadt SEMUR geschmückt. Auch von den Festungshöhen flattert die Fahne der Stadt.

Wir betreten das Felsennest durch den Turm de l'Orle d'Or aus dem 14. Jahrhundert. Die Dachspitze war früher mit Gold ausgelegt, daher Orle d'Or. Der hat einen Mordssprung in seiner Mauer. Aber bis zu unserer Abfahrt hat der Turm gehalten. Seine Grundmauern sind fast 6 m dick. Das sollte schon für etwas gut sein. Die Stadt war im 14./15. Jahrhundert die mächtigste Festung in Burgund. Selbst innerhalb der Stadt verliefen weitere Befestigungen. Standesgemäß bewegen wir uns auf reinem Kopfsteinpflaster der Marke Berg und Tal. Eine steile Gasse, die Rue du Renaudot und eine Treppe bringen uns auf den Marktplatz. An einem Haus entdecken wir die Jahreszahl 1601. Vorbei an der Auberge du Donjon. Die Läden sind trotz Sonntag auf. Wir stehen vor der Kathedrale. Aus ihren offenen Türen klingt die Orgelmusik des Gottesdienstes und lädt ein. Wir laufen um die Kathedrale herum, vorbei am Rathaus. Es ist direkt an den Kirchenkomplex angeschlossen. Thron und Altar unter einem Dach und Rücken an Rücken.

Freundlich zu Fremden

Über eine rumpelige Kopfsteingasse kommen wir zur Porte

de la Fontaignotte. Der erläuternde Text ist in gotischer Schrift, offenbar eine Respektierung der alten Franken. Wir sind jetzt aus dem historischen Teil heraus. Wir gehen zweimal links und

Der Armaçon bei SEMUR-en-Auxois

bummeln längs der Seite der Kathedrale zurück auf den Marktplatz an der Post vorbei. Dann nach rechts in die Rue Buffon. Das ist die Fußgängerzone. Am Ende steht ein großer Torturm, die Porte Guillier aus dem 13. Jahrhundert. Dort findet sich die Inschrift mit einem Satz des deutschen Theologen und Reformators des 16. Jahrhunderts Sebastian Münster. Er hat 1552 SEMUR besucht und festgestellt, daß sie friedliche und freundliche Leute seien, daß sie in großer Eintracht leben würden und Fremden gegenüber sehr gastfreundlich seien. Der Torturm ist eigentlich ein doppelter. So glaubte man, daß er besser hält. Der zweite Teil wurde im 15. Jahrhundert

Porte Sauvigny in SEMUR

errichtet und heißt Porte Sauvigny. Nach 20 m kommt der nächste Torturm, die Porte Barbacane aus ebenso dem 15. Jahrhundert. Der Spaziergang an den Festungsmauern entlang eröffnet einen weiten Ausblick in die Umgebung.

Zurück zum Auto. Weiter Richtung VENAREY-les-Laumes/ POUILLENAY zunächst D 954, dann nur POUILLENAY/D 9. An der Ortsausfahrt von SEMUR zur D 954 verläuft eine schöne Baumallee mit Kastanien, Promenade und Sitzgruppen.

Am Ortsende ist links ein Intermarché mit preiswerter Tankstelle. Wir kommen an einem lycée agricole vorbei. Auf dessen Gelände wird ein Pferderennen veranstaltet. Pferderennen haben Tradition in SEMUR. Seit 1631 - so die Überlieferung - wird am 31. Mai jedes Jahr das Wettrennen um den Ring ausgetragen, das älteste Pferderennen Frankreichs. Der Ring ist nicht die Rennstrecke, sondern soll an den Trauring Marias erinnern. Dieser soll im Mittelalter als Reliquie in der Stiftskirche Notre-Dame aufbewahrt worden sein.

In VILLENOTTE Abzweigung nach POUILLENAY. Die Strecke führt über eine Hochfläche. Getreidegebiet, Wiesen und Weiden. Es geht nach unten fast schnurgerade mit 10% zum Canal de Bourgogne. Der Kanal hat unmittelbar vor POUILLENAY eine Schleuse. Dort ist ein kleiner Parkplatz eingerichtet -Übernachtungsplatz- zum Rasten und der Kanal weitet sich zu einem kleinen Hafen. An der Schleuse ist ein Schild mit Text in fünf Sprachen. Die christliche Seefahrt ist eben internationaler als das normale Volk. POUILLENAY ist sauber und hübsch hergerichtet mit Blumenkästen an den Fenstern.

Noch ein Felsennest

Weiter Richtung FLAVIGNY-sur-Ozerain. Die D 9 läuft wieder durch Getreidefelder. Links auf einem Felssporn zeigt sich FLAVIGNY-sur-Ozerain. Der anfahrende Tourist wird aufgefordert, vor den Mauern und Toren zu parken. Und das ist auch zu empfehlen. Zwar kurven in den Gemäuern allerlei Fußkranke noch herum, aber das ist schlichtweg ätzend. Wir durchschreiten wie weiland der rote Markgraf Kunibert von der Heißen Sohle das Festungstor. Rechts liegt ein Kloster St.-Joseph. Das ist in Betrieb. In der Luft liegt der Geruch nach Holzfeueröfen. Place de l'Église. Romanische Kirche. Sonst ist in dem Städtchen nicht viel los. Es ist mittelalterlich fein und edel herausgeputzt. Die nötigen Restaurants und Hotels sind vorhanden. Die Prinzessin auf der Erbse hat vermutlich hier ihre Jugend verbracht. Ein Kaulquappencitroën mit Kennzeichen der deutschen Hauptstadt steht in einem Hofe als würde er dorthingehören. FLAVIGNY gehört zur Protokollstrecke. Wen man in SEMUR getroffen hat, den kann man hier wieder sehen. So kann es in ALÉSIA und in der Abtei von FONTENAY weitergehen. Auf dem Weg zur Karolingischen Krypta entdecken wir eine Idylle unter dem Kastanienbaum, wo gerade die Bauernfamilie am Essen sitzt.

Zurück zum Parkplatz. Die Bäume vor dem Tor sind wahn-

In FLAVIGNY-sur-Ozerain

48

sinnig gestutzt und wirken wie Pilze. Weiter Richtung VENAREY.
Vom Parkplatz vor dem Tor geht es in die D 9 nach rechts ins
Tal des Ozerain. Einige halb erschöpfte Radfahrer schieben
ihre Räder uns entgegen, während FLAVIGNY immer höher
auf dem Berge thront. Im Tal nach links Richtung ALISE Ste.-
Reine/D 10. Nach wenigen Metern geht es nach rechts hoch
nach ALISE.

Die Geschichte ist nicht tot, sie ist nicht einmal vergangen

Wem jetzt noch nicht die Ohren dröhnen vom Marschtritt der
Legionen, wer jetzt noch nicht den Staub der germanischen
Reiterei in der Nase hat, wer jetzt noch nicht die Massen
gallischer Krieger wahrnimmt, die sich zur Befreiung ALESIAS
durch Wald und Fluren wälzen, tja, der soll halt weiterfahren.
Ein kleiner Hinweis steht am linken Straßenrand 3.5 km vor
ALISE: Ringwall des Caesar. Mit dem Hinweisschild hat es sich
dann. Caesar was here, aber ist nicht mehr. Wir halten und
steigen aus. Auf der Linie der einstigen Befestigung sehen wir
in der Landschaft nur eine Scheune mit der Reklametafel eines
Supermarktes. Da toben die bauwütigen, geschichtslosen Amis
im Marnetal ihren money-maker-Mausfimmel raumgreifend
aus. Und hier steht eine Scheune.
Wir fahren nach ALISE hinauf, das an und auf einer recht
beachtenswerten Höhe liegt. Abbiegen in die D 103j. Wir sind
jetzt auf der gleichen Höhe wie das links/südöstlich liegende
FLAVIGNY. In dem Tal unten hatten Caesar und seine Legionen ihre Lager. Heute gedenken seiner grasende Rindviecher. Am Ortseingang von ALISE ist links ein kleiner Aussichts-
platz mit Bänken eingerichtet. In ALISE selbst findet sich rasch
die Abzweigung nach rechts zu den Fouilles d'ALÉSIA, den
Ausgrabungen von ALÉSIA. Da geht es nocheinmal steil nach
oben. An der Auffahrt ist ein Friedhof mit Wasserhahn an der
Außenmauer zur Straße. Auf der Hochfläche ist ein weites
Ausgrabungsfeld angelegt. Parkplatz, Zaun, Touristen-
häuschen, französische Flagge, Europaflagge bieten den Anschluß an die Moderne. Wir sind auf dem Mont Auxois.

Frauen geben sich hin und her

In Gallien, dem heutigen Frankreich, lebten etwas minus
Null vor Christus ungefähr 2-3 Millionen Menschen. Diese
waren in zahllose Stämme aufgesplittert und bekriegten sich
und andere. Caesar mischte sich in diese Händel ein. Er war
eigentlich nur römischer Statthalter von Oberitalien, und ver-
suchte, in einer Art offensiver Grenzsicherung die Gallischen

nicht ohne Erfolg gegeneinander auszuspielen. Da trat 52 vor Christus ein junger Gallier auf, erwies sich als fähiger Heerführer und schlug Caesar und seine Legionen vor GERGOVIA (Teil des heutigen CLERMONT-Ferrand) blutig zurück. Beim - vergeblichen - Sturm der Römer auf GERGOVIA wurde ein Teil der Bewohner dennoch in solche Schrecken versetzt, daß die Mütter und Frauen Kleider und Geld von den Mauern auf die Römer warfen, ihre Brüste entblößten, die Arme weit ausstreckten und die Angreifer um Schonung baten. Einige ließen sich sogar, so der Bericht Caesars, an den Händen über die Bollwerke hinab und gaben sich den Legionären hin.

Vercingetorix prüft Caesar

Der junge Hoffnungsträger Vercingetorix entwickelte sich innerhalb von Wochen zu einer Integrationsfigur der gallischen Heerhaufen. Auf dem Mont Beuvray (s. Tagesfahrt 11) in BIBRACTE wählten ihn die gallischen Fürsten zum gemeinsamen Heerführer. Daraufhin überfiel Vercingetorix Caesar und seine Kolonnen bei AMPILLY-le-Sec auf dem Marsch, 30 km nördlich von ALESIA. Da die germanische Reiterei die gallische Reitertruppe aufrieb, mußte er sich jedoch zurückziehen und bezog mit seinem Heer Stellung am Mont/Berg Auxois. Diese Hochfläche, auf der die gallischen Mandubier eine Ringburg (oppidum) angelegt hatten, liegt 100 m über den umliegenden Tälern. Caesar verfolgte ihn. Die Römer zogen um den Berg Wall und Graben von 15 km Länge. Das war keine operative Neuheit. Caesar griff auf das römische Vorgehen gegen Kelten im heutigen Spanien zurück. 134/133 v. Ch. mauerten die Römer das Felsennest NUMANTIA ein und brachten es nach 9 Monaten zur Kapitulation.

Vercingetorix schickte Reiter aus, um Entsatz anzufordern. Daraufhin errichteten die Legionäre nach außen einen zweiten Ring von 21 km Länge mit Wall, Graben, 8 befestigten Lagern und 23 festen Stützpunkten. Nachbauten stehen im Archéodrome auf dem Gelände der Autobahnraststätte der A 6 bei BEAUNE (s. Tagesfahrt 14).

Gallische Entsatzheere rückten über den Morvan heran, um den Belagerungsring zu sprengen. Germanische Reiter verstärkten die Römer und trieben die gallische Reiterei auseinander. Der Hunger auf dem Mont Auxois nahm so zu, daß Frauen, Kinder und Alte ausgewiesen wurden. Es waren vor allem Mandubier, denen das befestigte Lager auf dem Mont Auxois gehörte. Die Römer nahmen sie nicht auf, obwohl die Armen sich selbst als Sklaven angeboten hatten. Die Legionäre wehrten das gallische Entsatzheer in einer 3tägigen Schlacht, in der auch nachts gekämpft wurde, erfolgreich ab.

Germanische Reiterei entscheidet das Schicksal Galliens

Die operativ eingesetzte, germanische Reiterei umfaßte die Gallier, die am 3. Tag bedrohlich in die römischen Linien eingedrungen sind. Die Germanen lösten Verwirrung und Chaos aus und trieben mit Hilfe der Legionen das gallische Heer zur Flucht. Vercingetorix ergab sich auf Gedeih und Verderb. Mehr auf Verderb. Ein Teil der gefangenen Gallier wurde freigelassen. Caesar wollte sich das Wohlwollen ihrer Stämme erwerben. Der andere Teil wurde versklavt. Caesar zog nach BIBRACTE auf den Mont Beuvray ins Winterquartier. Das geschah im Herbst 52 vor Christus und läutete die römische Besetzung Galliens ein. An den Kampfhandlungen haben knapp eine halbe Million Mann teilgenommen. Dies war wahrscheinlich zahlenmäßig die größte Militäroperation des Altertums.

Und Vercingetorix? Caesar schleppte den Gallierhelden nach ROM, ließ ihn für 6 Jahre im Kerker und führte ihn auf einem Triumphmarsch durch ROM vor. Dann wurde Vercingetorix stranguliert.

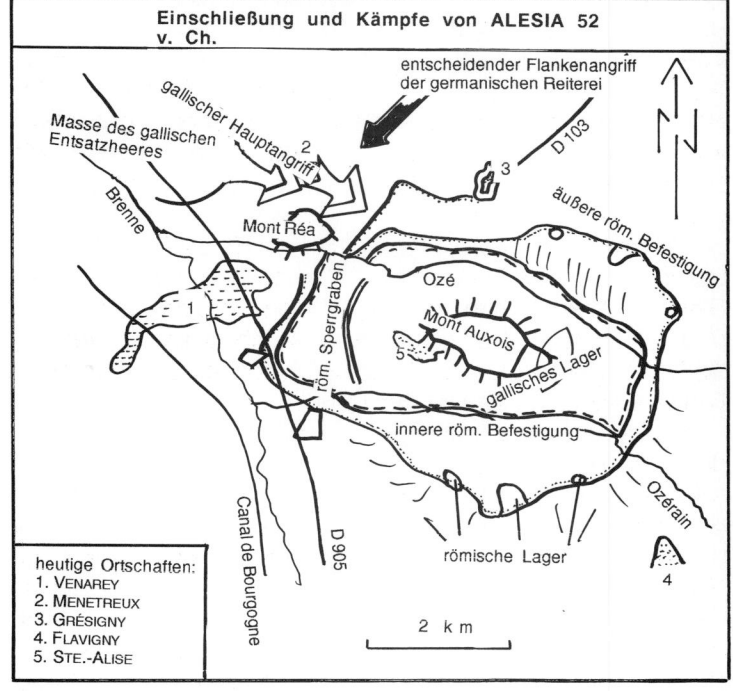

Einschließung und Kämpfe von ALESIA 52 v. Ch.

entscheidender Flankenangriff der germanischen Reiterei

gallischer Hauptangriff

Masse des gallischen Entsatzheeres

Brenne

Mont Réa

D 103

äußere röm. Befestigung

röm. Sperrgraben

Ozé

Mont Auxois

gallisches Lager

innere röm. Befestigung

Ozérain

Canal de Bourgogne

D 905

römische Lager

heutige Ortschaften:
1. VENAREY
2. MENETREUX
3. GRÉSIGNY
4. FLAVIGNY
5. STE.-ALISE

2 km

51

Das mittelalterliche Dorf **ALISE** hat sich an der südlichen Flanke des Hügels angesiedelt. Seit mehr als hundert Jahren wird nach dem klassischen ALESIA gegraben. Dem ging ein langer Streit voraus, **wo ALESIA überhaupt liegt.** Die einzige schriftliche Auskunft bietet Caesar. Der militärgeographisch erfahrene Napoleon I. tippte auf Ste.-ALISE. Sein Neffe Napoleon III. entschied in der Mitte des 19. Jahrhunderts, daß in Ste.-ALISE Ausgrabungen (1861-65) durchgeführt werden.

Die Ausgrabungen beschäftigen sich mit den Befestigungen Caesars im Tal wie auch mit den gallischen und galloromanischen Siedlungen. Das galloromanische ALESIA ging erst im Normannensturm von 864 unter. Nach einer langen Pause wird seit 1990 in einem ersten Zeitabschnitt gegraben. Die gegenwärtigen Ausgrabungen werden finan-

Caesars Holzzaun vor ALESIA, aufgestellt im Archéodrome bei BEAUNE, s. Tagesfahrt 14

ziert vom Kultusministerium und anderen frz. Ministerien. Diese Grabungen kosten 1.2 Mio Francs (340.000 DM). Nicht furchtbar viel. Wenn man bedenkt, daß sich die Archäologen in Baden-Württemberg die Neufertigung (Stichwort: experimentelle Archäologie) allein des Mäntelchens eines Keltenfürsten aus dem 5. Jh. vor Ch. runde 10.000 DM Steuergelder kosten lassen. Man gönnt sich ja sonst nichts.

Am Eingang der Ausgrabungsstätte bekommt man nach Bezahlen des Eintritts von FF 2o.- ein Blatt mit einer sehr guten, deutschsprachigen Beschreibung der Grabungsflächen. Im Pavillon sind Luftbildaufnahmen ausgestellt. Sie zeigen deutlich die Spuren, die Caesars Befestigungen im Gelände hinterlassen haben. Im Boden verlaufen dunkle Linien, die auf Wall und Graben hinweisen. Die einzelnen Grabungsstellen sind abgezäunt, und der Besucher muß sich auf einem vorgezeichneten Pfad bewegen. Ein Teil der Ausgrabungen ist durch Planen abgedeckt. Öffnung von 9h bis 19h. Nach 17h15 werden keine Karten mehr verkauft. Die Karten gelten auch für das Museum in Ste.-ALISE.

Audienz bei Vercingetorix

Wir fahren wieder nach ALISE rein, nach rechts und wieder nach rechts hoch auf den Berg Auxois. Links der Auffahrt steht ein Denkmal von Johanna von Orléans mit Gaul. Charles de Gaulle fehlt. Ausschilderung table d'orientation. Die Straße nach oben ist für Gespanne etwas schwieriger. Oben ist ein großer Parkplatz eingerichtet. Wie Hermann der Cherusker bei DETMOLD, dessen Germanen einst 3 römische Legionen völlig verputzt hatten, steht Vercingetorix (seit 1865) und ragt in die Weite des Himmels. Er stützt sich barhäuptig auf sein Schwert. Während der mit Adlerhelm bewehrte Germanenfürst sein blankes Schwert steil in das endlose Universum reckt - Tagesbefehl: Mögen sie nur kommen-, betrachtet Vercingetorix eher teilnahmslos die einst römisch beherrschten Lande. Auf halber Denkmals-Höhe wird er nach Caesar zitiert. Vercingetorix sagte zu den Großen Galliens:" Wenn das vereinigte Gallien eine einzige Nation bildet, und von ein und demselben Geist beseelt ist, kann es die Welt herausfordern." Der Hauptfranzose und Stifter der Bronzefigur war Napoleon III., Kaiser der Franzosen, Neffe des Korsen von St. Helena und ab September 1870 stellenlos. Auf der Hochfläche sind auch Bänke und Tische aufgestellt. So läßt sich angesichts gallischer Tragödie und römischer Größe mit Blick auf die Täler munter picknicken.

Von Caesar jedoch keine Spur, das ignorierende Nichts.

Wolken über Vercingetorix

Dies ist das einzige, veröffentlichte Foto mit Vercingetorix von hinten.

54

Nach Orgie und Gefängnis Freundin weg

Wir fahren wieder zurück, lassen die Johanna links stehen und kommen auf der rue Rochin an das Rathaus, Mairie, biegen nach rechts, talwärts, und nach rechts Rtg VENAREY, dann nach links und wir sind in VENAREY in der rue Vercingetorix. Weiter Rtg GRESIGNY-Ste.-Reine/BUSSY-Rabutin/D 954. Wir überqueren die Eisenbahn. Nach GESIGNY nach rechts zum Schloß vorbei zum Parkplatz. Dort Wendemöglichkeit und Sicht auf Schloß und Park. (Eintritt 20 FF, von 10h-18h jede Stde in frz Führung, Okt-April 10h-15h) Hier lebte zeitweise Roger de Rabutin (1618-1693). Als junger Adliger teilte er seine Hochzeitsnacht auf für Frau und Freundin und verbrachte seine Zeit am Hofe Ludwigs XIV. in VERSAILLES. Kein Fernsehen mit Sexfilmen. Er blieb kreativ, füllte seine Zeit mit Orgien und verfaßte Gedichte über das Liebes-

Es lebe Gallien!
Eine Grundschulgruppe "demonstriert" mit "Vive la Gaule" und dem gallischen Hahn in Ste.-ALISE

gebaren des Königs. Folge: Roger mußte nach BUSSY in die Verbannung. Außer der Freundin Marquise von Montglat nur tote Hose. Roger kam zum Schreiben, der Erotik des Enthaltsamen. Es entstand eine Abhandlung über die Beziehungscontainer von König, Hof und Höflingen. Die Freundin war entzückt, andere weniger. Roger verschwand für mehr als einem Jahr in der Bastille, dem Pariser Gefängnis. Kost und Logis frei, kein Damenbesuch. Die Freundin ging. Sie hinterließ der Nachwelt Erinnerungen an das, was in ihrem Liebesleben geschehen war oder hätte geschehen sollen und ihr über die Niederschrift zur bedingten Realität wurde.

Einsamkeit im Waldtal

Zurück zur D 954, nach rechts und die nächste nach links Rtg BUSSY-le-Grand/LUCENAY-le-Duc/D 21B. BUSSY ist auf die Anhöhe gebaut. Die Strecke ist kurvig, für Gespanne auf 2 km nicht einfach, doch der wackere Schwabe forcht sich nicht. Der Gegenverkehr muß eben warten. Ab LUCENAY Rtg MONTBARD/D 19H. Die Strecke führt durch Wald und kommt ab TOUILLON in ein Flußtal/D32. Der Fluß windet sich in S-Form durch die sumpfige Talaue. Die Leitplanken sind aus Holz. Abzweigung in Haarnadelform zur Abtei von FONTEN-AY. 150 m zuvor führt ein kleiner holpriger Weg rechts ab zur Abtei. Der ist für Gespanne nicht geeignet. An der ehemaligen Abtei sind mittelgroße Parkplätze teils unter Bäumen angelegt. Besichtigung: 9h-18h stündlich in Führungen zu 45min., Eintritt FF 34, Stud. etc 7 FF. Die Abtei wird meist von MONTBARD angefahren. Die Abteigebäude sind mit außergewöhnlicher Liebe restauriert. Ihre Umgebung aus Wäldern und Bächen vermittelt sehr gut die klassische Lage dieser Lebensflüchtlingsbauten. Die Abtei wurde 1118 an der Stelle einer Einsiedelei gegründet. Bis zum 16. Jh. dauert die Blüte des Klosters. Dann verfällt es. Die Baulichkeiten werden im 19. Jh. als Fabrikunterkünfte genutzt. 1906 beginnt die Restaurierung, die 1914 beendet ist.

Ein geruhsamer Etappenort

Weiter nach MONTBARD, 7.900 Einwohner, mit UPSTADT-WEIHER in Nordbaden liiert. Die guten Partnerschaftsbeziehungen lassen sich auch in den sehr herzlichen Eintragungen im Gästebuch des Campingplatzes erkennen. Der gut ausgestattete, nicht überlaufene und preiswerte Gemeindecamping mit Schwimmbad liegt in Rtg PARIS am Ortsende. Der Platz ist ganzjährig geöffnet. Die Stadtverwaltung bietet Informationstexte in mehreren Sprachen an, darunter ein Exemplar in bestem Deutsch. In Baden kann man so etwas. In der Nähe ist der Park Buffon. Längs der Brenne ist im Ort ein Fußweg angelegt. Die geschichtliche Größe ist Leclerc, Graf von Buffon, der 1707 in MONTBARD geboren wurde. Er erreichte als Wissenschaftler europäischen Rang. Buffon baute 6 km von MONTBARD entfernt an der heutigen D 905 Rtg PARIS eine große Schmiede. Sie ist von 14h30 bis 18h außer dienstags im Juni bis September zu besichtigen. Die Brenne ist im Ort aufgestaut und teils mit herrlichen Seerosen zugewachsen. Der Canal de Bourgogne fließt auch durch MONTBARD.

Tagesfahrt 4

MONTBARD - AUXERRE

```
Strecke:          CHATILLON-sur-Seine * TONNERRE *
                  AUXERRE
                         ⌒ Karte ⌒
Entfernung:       120 km    nächste Seite

Besichtigen:      Museum in CHATILLON 1h, Schloß/Auto-
                  Museum in ANCY-le-Franc 1-2h,
                  AUXERRE 2h

Wandern:          Spaziergang im Wald von CHABLIS

Übernachten:      AUXERRE  Camping

Einkauf/Tanken:   AUXERRE beim Camping
```

Marschall auf dem Sockel, Keltenfürstin im Museum

Nach MONTBARD-Mitte. Dann Richtung CHATILLON-sur-Seine/D 980. Wir passieren einen Fernsehsender. Die Straße ist hügelig aber gerade. Wald und Getreidefelder lockern auf. Am Horizont grüßt der Kirchturm von COULMIER-le-Sec. Dies ist auch die Route der Belgier und teils Engländer, um in den Süden oder Norden zu gelangen. Am Stadtrand von CHATILLON ist ein Umspannwerk. In CHATILLON Richtung TONNERRE/AUXERRE/D 964. Die D 980 geht innerörtlich in die Avenue Joffre über. Man kommt an einen Kreisverkehr. Dort steht ein Denkmal für Joffre, der im August 1914 Oberbefehlshaber der französischen Armeen war. Joffre mußte sein Hauptquartier nach CHATILLON zurücknehmen. Die deutschen Truppen hatten die Marne überschritten und standen gerade noch 30 km vor PARIS. Am 6. September 1914 befahl er den Gegenangriff östlich von PARIS bzw. Halten um jeden Preis. An der Marne entstand zwischen der 1. und 2. deutschen Armee eine Lücke, in die sich die Briten behutsam hineinschoben. Die deutsche Oberste Heeresleitung verlor die Übersicht und die Nerven und befahl den Rückzug. Für die rückzugsgewohnten Franzosen erschien dieser völlig überraschen-

57

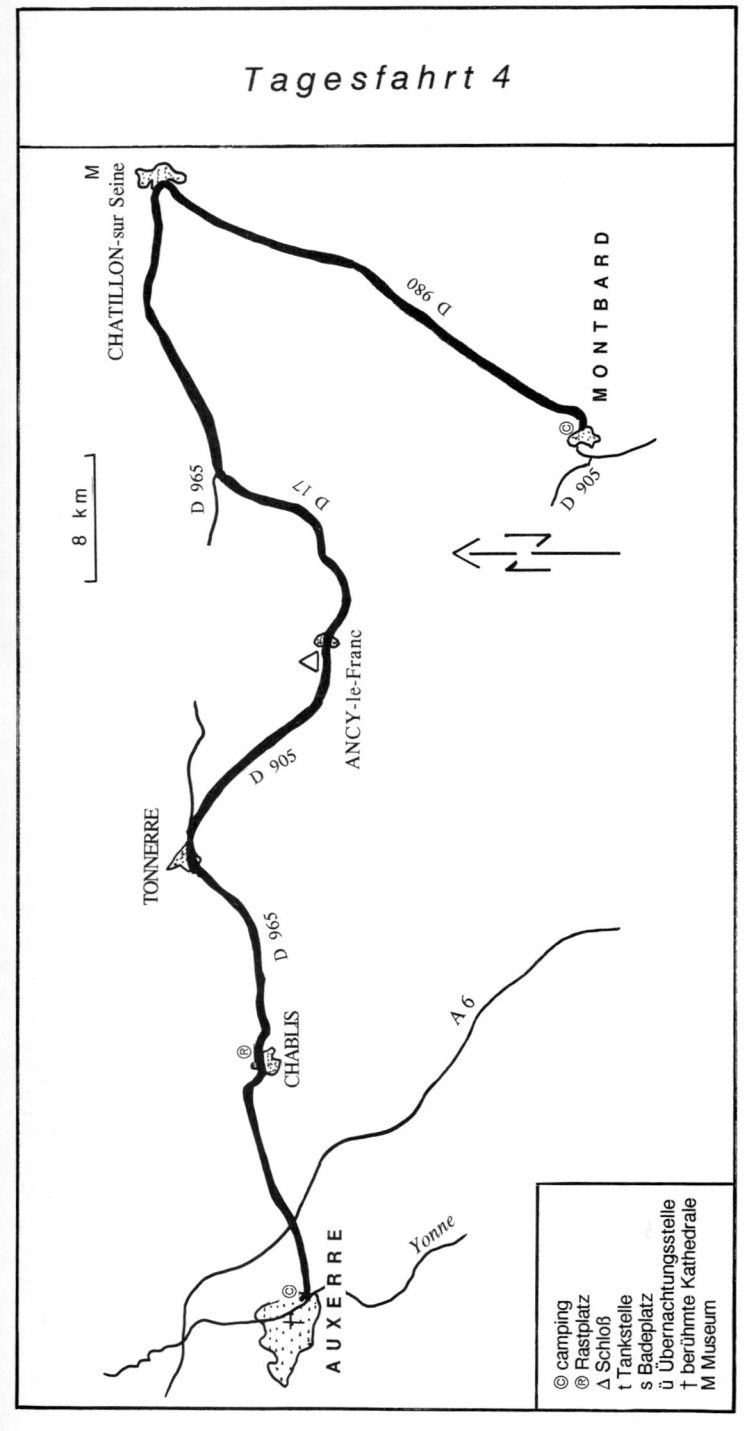

Tagesfahrt 4

CHATILLON-sur Seine M
MONTBARD
D 980
D 905
D 965
D 17
ANCY-le-Franc
D 905
TONNERRE
D 965
CHABLIS
A 6
AUXERRE
Yonne

8 km

© camping
® Rastplatz
t Tankstelle
s Badeplatz
ü Übernachtungsstelle
† berühmte Kathedrale
M Museum

de deutsche Abmarsch wie ein Wunder. Diese Ereignisse bekamen rasch den Namen Marnewunder. Der deutsche Operationsplan, Frankreich in wenigen Wochen niederzuringen, war so gescheitert.

Vom Kreisverkehr aus ist das Vix-Museum ausgeschildert und noch 200 m entfernt. Das Museum ist 9-12, 13.30-18h geöffnet, Eintritt 18 FF. Eine lärmende Schulklasse verläßt gerade das Museum. Es ist in einem Renaissance-Gebäude untergebracht. Die Hauptattraktion ist die Vase von Vix. Zu sehen ist nur die Reproduktion. Ihre Vorgängerin, eine Reproduktion, wurde bereits gestohlen. 1953 wurde in VIX an dem Berg Lassois zwischen CHATILLON und TROYES ein Wagengrab entdeckt. Auf oder an dem Berg Lassois befand sich im 6. Jahrhundert eine bedeutende, befestigte Siedlung. Dieses Fürstengrab ist einer der wichtigsten Funde der heutigen Kelten-Archäologie. In dem Grab lag das Skelett einer 30 bis 35 Jahre alten Keltenfürstin. Sie ruhte auf einem Wagen neben einem Bronzekessel von 1.200 Liter Fassungsvermögen. Eine durstige Maid.

Fürstengräber aus der gleichen Keltenbranche wurden bei ASPERG (10 km nördlich Mitte STUTTGART) festgestellt. Eines davon mit einem 40jährigen Keltenhäuptling wurde am Ortsrand von HOCHDORF (bei ASPERG) nach allen Regeln der Archäologenzunft ausgegraben. Der Hügel ragt heute wieder -wie ursprünglich- geschichtsträchtig aus dem Boden. Die Grabkammer fand in einem eigenen Museum in HOCH-DORF eine DM-millionenschwangere, ausgesprochen sehenswerte Wiedergeburt.

Alte Autos im alten Schloß

Wir überqueren in der Ortsmitte die Seine. Weiter Richtung TONNERRE/D 965. Die D 965 hat einen Fahrradweg. Ein vergessenes Wahlplakat „Non à Maastricht" verunziert die Landschaft. In CÉRILLY gefällt uns ein Fischteich mit Steinbänken und zwei hübsche Häuschen am Straßenrand. Bei CÉRILLY ist ein Parkplatz mit Rastmöglichkeit. Die Straße durchzieht eine Ebene mit Berge am Horizont. Rechts parallel zur Straße verläuft die Bahnlinie. Nach LAIGNES ein beschrankter Bahnübergang mit Bahnwärterhäuschen. Nach dem Bahnübergang nach links einbiegen Richtung RAVIERES/AVALLON/D 953. Wir sind jetzt im Département Yonne. In Les FORGES nach rechts Richtung ANCY-le-Franc/D 17. Kurvige Strecke die D 17, die teils durch den Wald führt. In ANCY nach links Richtung MONTBARD, dann nach 200 m rechts beginnt der Schloßbereich. Links ist der Campingplatz in einem Baumstück. Dort ist bis zum Feuerwehrgebäude viel Platz - auch zum Übernachten (keine Sanitäranlagen). An der Straße beginnt eine herrliche, geradlinige Baumallee, die zum Schloß führt. Das Schloß wird derzeit renoviert. Der Staat bezahlt von den 1.2 Mio Francs die Hälfte, den Rest der Eigentümer. 10-18h jede volle Stunde Führung, 34 FF, nur Museum 18 FF. Mittagspause 12-14h. Das Museum ist eine Automobilstätte und hat 80 Automobile und Pferdekutschen. Der Bauherr ist ein Graf Clermont/Tonnerre aus dem 16. Jahrhundert.

Weiter Richtung TONNERRE/AUXERRE/D 905. Durch ANCY fließt der Armançon. Den haben wir schon in SEMUR kennengelernt. Vorbei am Schloßgelände mit beachtlichen Ausmaßen. Auch der Canal de Bourgogne hat uns wieder, der parallel zur D 905 fließt. In LÉZINNES sind riesige Zementsilos der Zementfabrik Lafarge zu erkennen. LEZINNES hat eine Partnerschaft mit MONTABAUR bei KOBLENZ. In TONNERRE Richtung AUXERRE. Am Ortseingang von TONNERRE rechts Supermarkt und preiswerte Tankstelle. Weiter nach AUXERRE.

Weißweine

10 km vor CHABLIS tauchen überall Weinberge und Weinfelder auf. Wir fahren durch eine Weinbaugegend. Die einzelnen Weinbaubetriebe kündigen sich am Straßenrand an. 6 km vor CHABLIS ist ein Reklameparkplatz beiderseits der D 965 eingerichtet. Es steht da eine Tafel. Dort sind die örtlichen Weinbaugebiete eingezeichnet. Während wir eifrig die Tafel studieren, bauen auf dem Parkplatzrasen Ludwigsburger ihr

Ein Renault 4CV mit Heckmotor auf freier Wildbahn

60

Zelt auf. Die nächste Möglichkeit wären städtische Grünanlagen. Der Tafeltext ist mehrsprachig: englisch, französisch, deutsch, sogar japanisch. CHABLIS ist mit 2.500 ha das größte Anbaugebiet Burgunds für Weißweine. 20 Gemeinden liegen in diesem Gebiet. Die Weine werden allein aus dem Chardonnay-Weinstock gewonnen. Sie schöpfen ihren besonderen Charakter aus dem Muschelkalkboden. Der Chablis grand cru mit 100 ha hat 7 berühmte Lagen: den Bougros, Preuses, Vaudésir, Valmur, Grenouilles, les Clos, Blanchot. Der Chablis premier cru hat mit 650 ha viele verschiedene Lagen. Der Rest: Chablis a.c. (= normal) auf 1.550 ha, petit Chablis auf 200 ha. Am Ortsrand von CHABLIS weist ein Schild mit Zeichen „Rastplatz, aire Les Clos" nach rechts in die Weinberge. Die Einfahrt von der D 965 ist für Gespanne nicht leicht, die Auffahrt zum Wald, wo der Platz liegt, geht. Dort läßt es sich gut wenden. Der Rastplatz mit Tische und Bänke liegt sehr schön. Markierte Wanderwege und Spaziergänge (Joggingrunde, sentiers sportifs, von 1600 m, botanischer Waldpfad) führen in den Wald hinein. Eine herrliche Aussicht auf die Landschaft der Weinberge ergötzt unser schon verwöhntes Auge. CHABLIS ist mit OBERWESEL liiert.

Die Weiterfahrt führt durch die Weinberge, keine Weinfelder wie in der Côte d'Or. Dann wechselt das Bild in ein Gemisch von Weinbergen und Getreidefeldern.

Schlange

Eine Schlange mit Gespannen, LKWs und PKWs geleitet uns nach AUXERRE. Der Campingplatz ist gut ausgeschildert. (Ausschilderung Camping/Stades/Piscine). 1 km entfernt ist ein ausgeschilderter Intermarché mit preiswerter Tankstelle. Der befindet sich in einem Wohngebiet auf der Anhöhe. Von dort haben wir einen ersten schönen Blick auf AUXERRE. Zur Stadtmitte sind es 1.5 km. Die Kathedrale liegt in Sichtweite.

Fachwerk

AUXERRE (Aussprache: Osserr) hat 40.000 Einwohner und ist Sitz der Präfektur des Département Yonne. Ihre Ursprünge gehen auf eine gallische Ansiedlung vermutlich im 2. vorchristlichen Jahrhundert zurück. Die Stadt hat eine Partnerschaft mit WORMS. Wir beginnen unseren Rundgang an der Kirche St. Pierre. Sie ist von Grundschulen eingekreist. Wir machen eine kurze Pause in einer Bar/Café in der Nähe von St. Pierre. Dort nehmen wir einen Imbiß zu uns und trinken einen Café. Die Bar ist einfach eingerichtet. Das Publikum ist offenbar aus dem Viertel, und wir sind ein nicht unerwünschter Fremdkörper. In der Rue Milliaux treffen wir auf einige alte Häuser. Ein Haus wird gerade abgespritzt. Ein Immobiliengeschäft hat sein Büro an der Ecke Rue Fécauderie/Rue Jobert in einer Fachwerk-Perle, wobei sogar das Intérieur in Fachwerk gehalten ist. In diese Rue Fécauderie mündet eine Glaspassage von 1858. Über die Rue Fécauderie kommt man zum Marktplatz. Um das Rathaus herum ist die Fußgängerzone angelegt.

Stille

Von dort 2x nach rechts zur Kathedrale St.-Etienne. Am Sonntag, den 27.2.1429 kam hier die Johanna vorbei. Die gallische Nationaldame ritt weiter nach CHINON, um den Karl VIII. auf Vordermann zu bringen. 500 Jahre später wurde es öffentlich vermerkt. Sie müssen also Geduld haben. Die Kathedrale St. Etienne stammt aus dem 13.-16. Jh. Sie ruht auf den Grundmauern einer romanischen Basilika aus dem 11. Jh., die 1215 zerstört wurde, um die gotische Kirche zu bauen. Die Krypta wurde 1023 bis 1035 errichtet und ist zu besichtigen. Die Kirchen können, wenn man jeden Tag eine absolviert, zum Alptraum werden, zumal wenn die Besichtigung mit kunst-historischen Materialschlachten garniert ist. Doch die Ruhe und Stille, die grandiose Atmosphäre durch die Höhen der Säulen und Mauern geschaffen, das Spiel von Licht und Dunkel und letztlich die wenigen Menschen, die praktisch nur den Bodensatz abgeben, vermitteln ein Gefühl zur Sammlung und inneren Einkehr. Diese Atmosphäre ist ein wohltuender und

Wanderer im Wald von CHABLIS

Boule-Spiel, die schönste Nebensache der Franzosen... nach Angeln

notwendiger, sinnlich zu erlebender Gegenpol zu unserem
Alltag, nur als Beispiel zu der immer affiger werdenden Rekla-
me. Wobei nicht die Affen beleidigt werden sollen. Der Eintritt
zur romanischen Krypta beträgt 5 FF. Wir sind ganz allein in der
Krypta. Die Strahlerbeleuchtung nimmt nicht die Wirkung der
unheimlichen Ruhe der Mächtigkeit des Gewölbes. Ohne elek-
trisches Licht sollen die einzelnen Lichtstrahlen in der Dunkelheit uns symbolhaft an die Bedeutung von Christus für unser
Leben erinnern, so jedenfalls eine Beschreibung. Die Kathedrale hatte 4 Vorgängerinnen. Die Krypta stammt von der
Vierten. Der Ortsheilige ist Germain aus dem 4. Jahrhundert. Er
soll AUXERRE am 24. August 1944 beschützt haben. Wir
gehen zurück zum Marktplatz. Dort steht das Denkmal von
Marie Noël, einer Heimatdichterin, die 1967 im Alter von 84
Jahren gestorben ist. Durch den Turm mit der Sonnenuhr zum
Place Charles Surugue ehemaliger Place des Fontaines. Wir
befinden uns mitten in der attraktiven Fußgängerzone.
   Am Place des Fontaines steht auf einem Springbrunnen die
Figur des Cadet Roussel. Der Typ stammt aus dem Jura und
kam 1763 nach AUXERRE. 1770 wurde er Gerichtsvollzieher

Rache an der Revolution

Während der Revolution ab 1789 schwang sich Roussel zum großen Anhänger der neuen Zeit auf. Er wird wohl seine Mitbürger als der Robespierre vor Ort voll subalterner Häme drangsaliert haben, insbesondere Adlige. Ein solcher, der Ritter Chenu von Souchet, rächte sich und textete ein griffiges Liedchen. Darin wurde der Revolutionär Roussel mit aller altadliger Arroganz aber auch mit sicherem Gespür für die

in AUXERRE

Stimmung der Bevölkerung kräftig verspottet. Das Liedchen schlug erfolgreich ein. Doch sicherten diese Spottverse Roussel seinen Platz in der Geschichte von AUXERRE. Lachen kann zwar töten, aber auch einen bald Vergessenen unvergeßlich machen.

Wir promenieren noch herum, schauen uns die Läden an, und schlendern Richtung Yonne. Dabei entdecken wir ein Denkmal für Davout, den Herzog von Auerstedt. Er gewann

1806 in Sachsen eine Schlacht gegen die Preußen. Nur wenige Kilometer entfernt bei JENA verloren die Preußen gegen Napoleon selbst. So gab es am Abend dieses Tages keine preußische Armee mehr. Davout wurde in ANNOUX in der Nähe von AUXERRE 1770 geboren. Sein Denkmal wurde erst unter Napoleon III. 1866 errichtet.

Blick auf AUXERRE

Wir überschreiten die Yonne auf der Hauptbrücke von AUXERRE. Dort steht ein Denkmal von Paul Bert. Er war ein bedeutender Physiologe und Vertreter der konfessionsfreien, staatlichen Schule. Er wurde 1833 in AUXERRE geboren und starb 1886 in HANOI, das damals Hauptstadt der französischen Kolonie Indochina war. Wir gehen zum Yachthafen und über die Fußgängerbrücke zurück. Mitten auf dieser Brücke entfaltet sich vor uns die Schokoladenseite von AUXERRE. Die schmale Brücke hoch über dem Fluß vermittelt das Gefühl, daß wir in der Luft einen festen Standplatz haben. Am Ufer der Yonne stehen Wohnwagen und Wohnmobile, ein WOMO aus KREFELD. So sicher erscheint uns die Lage zum Übernachten jedoch nicht.

Wo ist der Schleifer?

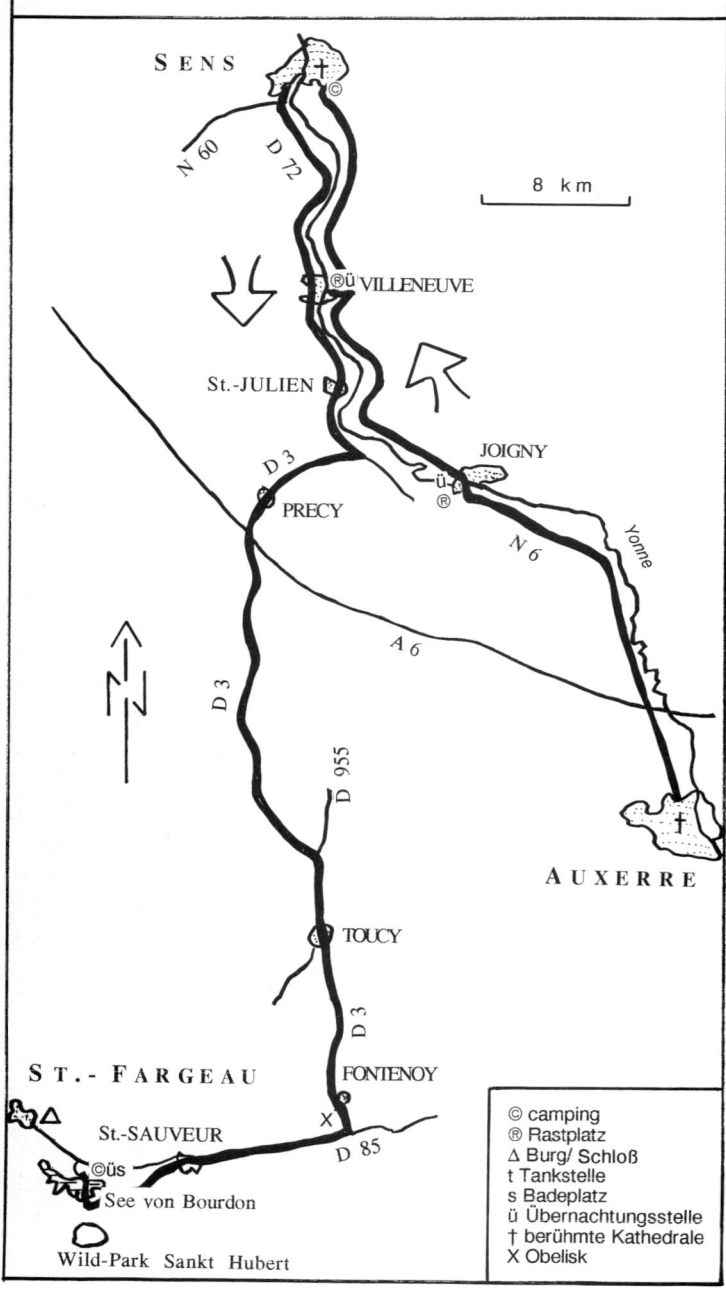

Tagesfahrten 5+6

S E N S

N 60

D 72

8 km

®ü VILLENEUVE

St.-JULIEN

D 3

PRECY

JOIGNY

ü

®

N 6

Yonne

A 6

N

D 3

D 955

†

A U X E R R E

TOUCY

D 3

S T . - F A R G E A U

FONTENOY

St.-SAUVEUR

X

D 85

©üs

See von Bourdon

Wild-Park Sankt Hubert

© camping
® Rastplatz
△ Burg/ Schloß
t Tankstelle
s Badeplatz
ü Übernachtungsstelle
† berühmte Kathedrale
X Obelisk

AUXERRE - SENS

Strecke: AUXERRE * VILLENEUVE * SENS

Entfernung: 60 km

Besichtigen: VILLENEUVE 30 min., SENS 2h

Übernachten: SENS Camping, Ⓤ am Yachthafen
                 (port de plaisance) Rtg.
                 MONTARGIS, nach der Yonne-Brük-
                 ke sofort links.

Schnellstraße mit 30 km/h

Wir haben heute eine kurze Strecke. Dazu verlassen wir AUXERRE in Richtung SENS/N 6. Die Yonne begleitet uns rechts. Die N 6 ist zügig und schnell und so eine Abwechslung zu den kleinen Départementstraßen. Wir überqueren am Stadtrand die Yonne und gehen auf die rechte Spur für véhicules lents. Rechts der N 6 wird heftig an einer neuen Trasse gearbeitet. Nach rechts Richtung SENS/N 6. Die N 6 ist teilweise vierspurig, vor allem, wenn Abzweigungen nach rechts oder links anstehen. Beidseitig ragen große Ahornbäume in die Höhe. Wohin denn sonst? Zwischen Straße und Baum schützen Leitplanken. Das Tal der Yonne ist ziemlich eben. Die großen Bäume vermitteln der Straße N 6 etwas Erhabenes. An der Straße zeigt sich ein Reklameschild für Hôtel Formule 1. Das ist eine preiswerte Hotelkette, die wohl billigste. Wir haben mittlerweile die A 6 überquert. Die N 6 durchzieht viele kleine Orte. Dort herrscht Tempo 50!!! Die betroffenen Gemeinden unterstützen dies durch Verkehrshindernisse. Zahlreiche Raststätten und Hotels sind direkt an der N 6 angesiedelt. Sie führt weiter nach PARIS und riecht so nach wichtig. Die Landschaft setzt sich aus Feldern, Wiesen und kleineren Waldstücken zusammen. Ein Feuerwehrauto mit Blaulicht kommt entgegen. Rastplätze gibt es, aber es sind eher Halteplätze. Die N 6 ist mehr Geschäftsstraße als Touristenweg. Im Tal führt auch die Bahn, die SNCF, die Nationale Eisenbahngesellschaft. Eine Kaulquappe (Citroën DS) überholt.

Durch JOIGNY ruft Tempo 30! JOIGNY ist mit MAYEN liiert.

In JOIGNY kann man unmittelbar vor der Brücke über die Yonne nach links zum Jachthafen fahren. Zunächst steht ein Kriegerdenkmal des Ersten Weltkrieges, dann breitet sich links ein Park aus. Es läßt sich rasten. Und eventuell unter den

In JOIGNY
dem Schlüssel zu Burgund

Flaggen der USA, der Französischen Republik und der Europas, die dort aufgezogen sind, übernachten. Der Blick über die Yonne trifft auf das Stadtbild von JOIGNY, das am Hang hinaufgebaut ist. Die Uferpromenade an der Yonne lädt zum Spazierengehen ein. JOIGNY trägt den Ehrennamen „Schlüssel zu Burgund", der die Lage an der Yonne unterstreicht. 1981 traf Teile der Altstadt eine Gasexplosion. Jedoch haben einige alte Holzhäuser dieses Unglück überlebt. Sehenswert ist der gekachelte Place Saint-Thibault. Die Vorfahren der 10.000 Einwohner erschlugen 1438 den Herrn der Stadt, einen Grafen, mit mehreren Hammerschlägen. Deshalb führt das Stadtwappen einen Hammer. Aufmüpfigkeit gehört in Frankreich zum guten Ton.

Paul Pimpel

Weiter Richtung SENS/N 6. Links fließt immer noch in S-Form die Yonne. Sonnenblumenfelder. Die Yonne ist mittlerweile kecklich breit. Bei der Fahrt zum Mont Beuvray (s. Tagesfahrt 11) werden wir sie an ihrer Quelle klein und unscheinbar erleben. Auf der Höhe von VILLEVALLIER steht links auf dem Hügel eine Kapelle und schaut ganz ohne Hirtenknab ins Yonne-Tal herab. Kurz vor VILLENEUVE nähert sich die Yonne der N 6. Der Verkehr auf der N 6 ist eine einzige Heizerei. Wir fahren ab in die Kleinstadt VILLENEUVE-sur-Yonne und auf der Avenue Charles de Gaulle in den Ort rein. Unter dem hätten wir es nicht getan. Wenn das die Avenue Paul Pimpel gewesen wäre, nicht mal mit Plattfuß wären wir drübergefahren. Die Franzosen tun schon etwas für ihre Besucher. Die Kleinstadt ist mit BRAUBACH am Rhein liiert.

Die Preußen waren da

Kurz vor dem eindrucksvollen Stadttor parken wir. Rechts leicht unscheinbar steht ein Denkmal zur Erinnerung an den Krieg 1870/71. Die Inschrift spricht vom Guerre contre la Prusse, gegen Preußen - nur ? Haben die nichts von den Badenern, Württembergern oder gar von den Bayern gemerkt? Am 8. November 1870 sind hier Leute von der Nationalgarde aus VILLEVALLIER erschossen worden. Die uneinheitlich uniformierte und bewaffnete Nationalgarde hat sich nach der Vernichtung des kaiserlich französischen Heeres als Volksmiliz gebildet und bereitete den regulären preußischen Invasionstruppen erhebliche Probleme. Die Preußen sahen diese Einheiten als nichtreguläre Soldaten an.

69

Jugend am Ufer

Vor dem Tor kann man nach links zur Yonne durch eine herrliche Ahornallee gehen. An der Yonne spazieren wir nach

Stadttor von VILLENEUVE

rechts auf der neu hergerichteten Uferpromenade, des Quai du Commerce, und kehren nach rechts über den Boulevard Marceau in den Ort zurück. Die Hauptstraße ist durch zwei machtvolle

Tortürme aus dem 13. Jh. begrenzt. Man kann natürlich auch zur Yonne fahren. Wenn man von der N 6 kommt, die letzte Straße -Rue du Port- nach links vor der Baumallee, schmal aber fahrbar (ausgeschildert: rive de l'Yonne). An der Yonne läßt sich rasten und übernachten. Das Ufer ist erkennbar Treffpunkt der Jugend. Am gegenüberliegenden Ufer sind Flußbad und Camping.

Zurück zur N 6 nach SENS. Links der Straße sind Baggerseen zu erkennen, die zu Fischweihern umgewandelt wurden. Wieder Ahornbäume am Rand, dazwischen Leitplanken. Wenn man unterwegs Wohnwagenansammlungen sieht, wie jetzt nach VILLENEUVE, mit viel aufgehängter Wäsche, das sind

Traktoren versperren die Durchfahrt

Zigeuner, gens du voyage. Die drei Spuren der Überholphase gehen für einige Kilometer zu Ende. Die PS-starken Jungs drücken noch gewaltig rein. Wir erreichen den Stadtrand von SENS. Nach 200 Metern ist rechts der Camping. Er liegt an der Vanne, ein Nebenfluß der Yonne, und ist 1 km von der Stadtmitte entfernt.

Brennus faltet die Römer zusammen

Die Vorfahren der Bewohner von SENS nannten sich die Senonen. Ihr Königssohn im 3. Jahrhundert vor Christus hieß Brennus. Der Junge zog mit einem Haufen kräftiger Kelten nach Süden. Sie scheuchten 390 v. Ch. die Römer auf das Kapitol. Nachts versuchten sie die letzte Zuflucht der Römer zu erobern. Die römischen Wachen schliefen, aber die Gänse schnatterten und alarmierten. Die Römer waren gerade noch gerettet. Bevor die Kelten zum nächsten Sturm antraten, boten die angstschwitzenden Römer Gold und Silber. Die Kelten

Barrikaden-Demo-Bauern in SENS

akzeptierten. Beim Abwiegen der Goldmengen stellten die Römer fest, daß die Kelten ordentlich beschissen. Vielleicht hatten sie trotz Mengenleere Schwierigkeiten mit der richtigen Menge. Die Römer protestierten. Unbeeindruckt warf Brennus sein Koppel mit Schwert auf die Waage. Brennus untermalte die Szene mit den Worten „Vae victis", Wehe den Besiegten. Die Römer fühlten sich angesprochen. Der keltische Kraftbolzen sprach selbstverständlich Latein. Diese Lebensweisheit blieb den Römern im Gedächtnis. Der US-General Mac Arthur aus dem Zweiten Weltkrieg erneuerte diese Worte mit der Erkenntnis: „Für den Sieg gibt es keinen Ersatz." Wer gewinnt, spart Intelligenz.

Das Zentrum von SENS ist für Gespanne tabu. In der Mitte steht stolz die Kathedrale Saint-Etienne (Sankt Stephan) aus dem 12. bis 15. Jahrhundert. Die Kirche ist ein kostbares Stück fränkischer Gotik. Die Skulpturen wurden während der Revolution 1789 zerstört. Im Südturm (73 m hoch) hängen zwei Glocken von 16 und 14 Tonnen aus dem Jahre 1560. Im Synodalpalast, der neben der Kathedrale im 13. Jh. gebaut wurde, sind das archäologische Museum und weitere Museen untergebracht. Eintritt FF 12, mittwochs kostenlos. Die Kathedrale wird derzeit restauriert, Dauer 4 Monate, 3 Mio FF. Der Staat bezahlt alles. 1982 und 1988 wurde bereits restauriert. Im Innenhof der Kathedrale werden Aufführungen abgehalten. Die gute Akustik des Innenhofes ist bestechend. Das Rathaus ist nicht weit und war gerade von einer württembergischen Firma eingerüstet. Das Rathaus ist übrigens ein Prachtbau von 1903. Die Bürger der heute 27.000 Einwohnerstadt wollten wohl zeigen, was sie von sich halten.

Traktorendemo

Vor dem Eingang zur Kathedrale erstreckt sich der Place de la République. Das Gegenüber sind die renovierten Markthallen aus dem 19. Jahrhundert. Wir nehmen in einer Café-Bar am Republikplatz einen Imbiß ein und genießen den Anblick der wuchtigen Kathedrale und das allgemeine Treiben auf dem Platz. Dann schlendern wir durch die nahe Fußgängerzone zur Yonne. Am Yachthafen finden wir einen kleinen Gedenkstein an das 13. Dragonerregiment, das 1940 SENS gegen die anrückende Wehrmacht verteidigt hatte. Das Yonne-Ufer ist streckenweise ein Spazierweg. Während unseres Aufenthaltes in SENS hatte die Polizeischule Tag der Offenen Tür. Gleichzeitig sperrten Fernfahrer und Landwirte Straßen der Innenstadt. Sehr schön sind die städtischen Gewächshäuser Yonne-abwärts. Sie sind sonntags 14-17h bei freiem Eintritt geöffnet.

Tagesfahrt 6

Sens - St.-Fargeau/See von Bourdon

Strecke:	VILLENEUVE-sur-Yonne /D 72 am westl. Ufer der Yonne) * PRECY-sur-Vrin * TOUCY * FONTENOY * St.-SAUVEUR * See von Bourdon
Entfernung:	120 km
Besichtigen:	TOUCY 30 min., Obelisk bei FONTENOY 15 min., Tierpark St.-Hubert 3h, St.-FARGEAU 1h
Wandern:	Spaziergang am See von Bourdon 1h-2h
Übernachten:	Camping + Ü am See von Bourdon/Gemeinde St.-FARGEAU

Yonne-Tal

Richtung MONTARGIS. Die Strecke geht entlang der Bahnlinie und der Yonne, die jetzt östlich der Straße fließt. Die Sonne scheint mal wieder und der Himmel ist blau. Rechts strahlen Kalkfelsen in der Sonne. Nach 2 km nach links Richtung VILLENEUVE/D 72. D 72-Bahnlinie-Yonne, das ist das aktuelle Dreigestirn. Der Fluß windet und wendet sich und verschwindet laufend hinter Bäumen. Die D 72 steigt an, und wir haben einen schönen Blick auf das Tal der Yonne. Das gewohnte Bild: Getreide- und Sonnenblumenfelder. Wir überqueren die Bahnlinie mit 4 Gleisen. Wir sind mitten drin. Links die Yonne, rechts die Bahnlinien. Durch VILLENEUVE. Dieser Teil ist weniger historisch. Weiter nach St.-JULIEN/D 3. Regen und Sonne wechseln sich ab. Sonnenblumenfelder mit Windrad tauchen auf. An den Hängen grasen einige Rinder. Richtung TOUCY/D 3. Ein riesiger Getreidesilo steht in der Landschaft. Die Gegend ist eine Kornkammer Frankreichs. Das Yonne-Tal ist sehr breit.

Morgens sind die Dörfer geschlossen

Die D 3 biegt nach rechts/THEMES/TOUCY ab. In PRÉCY-sur-Vrin ist ein Haus halb in die Straße reingebaut. Die brauchen keine zusätzlichen Hindernisse zur Verkehrsberuhigung. Die D 3 geriert sich als ein verlassenes Provinzsträßchen. Unter der A 6 hindurch. In den Orten ist selbst zwischen 9h und

Let's go West in SENS

10h fast niemand unterwegs. Durch St.-ROMAIN-le-Preux. Wir erreichen wieder die Burgunder Burgenstraße. 4 km nach Le BUISSON St.-Vrin nach rechts TOUCY/D 955. Rötlicher Asphalt auf der D 955. Die Fahrt geht durch den Wald. Die D 955 entpuppt als gerade aber wellig.

Larousse, Pierre

In TOUCY, das mit KUSEL/Rheinland-Pfalz liiert ist, halten wir am Kreisel, in dessen Mitte steht ein Denkmal von Pierre Larousse (1817-1875). Larousse ist in TOUCY geboren. Als

Nachlese: Fußgängerzone in SENS

Sprachwissenschaftler und Pädagoge verfaßte er zunächst zahlreiche Werke, die den französischen Schulunterricht nachhaltig veränderten. Dann organisierte er die Arbeit für das Große Lexikon des 19. Jahrhunderts in 17 Bänden, das in den Jahren von 1866 bis 1876 erstellt wurde und das Wissen seiner Zeit erfaßte. Heute ist der Verlag Larousse führend in der Herausgabe von Lexika aller Art. Beim Herumspazieren glukkert an uns ein Parkfloh vorbei. Das ist ein kleines Auto, das ohne Führerschein gefahren werden darf. In Frankreich sieht man es häufig. Wir gehen zum Rathaus. Ein älterer Mann spricht uns in einem holprigen Deutsch an. Er ist mit seinem Enkel unterwegs. Vor 20 Jahren sei er ein halbes Jahr in KOBLENZ gewesen. Wir kommen zur festungsartigen Kirche, deren Anfänge in das 12. Jahrhundert zurückreichen. In der

Kirche werden Konzerte mit klassischer Musik abgehalten. Mozart, Händel, Telemann, usw. Samstags ist in TOUCY Markttag.

Wehrkirche in TOUCY

Sonntags fährt die Eisenbahn

In TOUCY ist der Sitz des Vereins, der eine touristische Eisenbahn von MONTARGIS bis St.-SAUVEUR und zurück betreibt. Anschrift des Vereins: Association des autorails touristiques de l'Yonne, Avenue de la Gare, F 89130 TOUCY. Der train touristique -ein mittelprächtig moderner Triebwagen- läuft über eine stillgelegte Linie von MONTARGIS, dann AMILLY, St.-GERMAIN des Prés/Loiret, Château Renard/Loiret, TIGUÈRES, DOUCHY, DICY, CHARNY, St.-MARTIN, St.-

"Euch haben wir hier im Wildpark auch noch nie gesehen"

DENIS, GRANDCHAMPS, VILLIERS-St.-Benoît, DRACY, TOUCY, LALANDE, FONTENOY, ST.-SAUVEUR und zurück. Fahrplan 1992: MONTARGIS 10h30-St.SAUVEUR 15h24. St.-SAUVEUR 16h37-MONTARGIS 19h33 - alle Sonntage vom 23. Juni bis zum 1. September. Kosten: von Haltestelle zu Haltestelle 10 FF, einfach die ganze Strecke 54 FF. Ermäßigung ab 3 Personen derselben Familie.

Kaiserin auf Seitensprung

Weiter Richtung FONTENOY. Nicht den LKW-Weg!! Wenn man nach TOUCY reinkommt auf den Kreis mit Larousse in der Mitte nach rechts, dann wieder nach rechts Richtung COSNE und nach 300 m nach links Richtung St.-Sauveur/D 955. Nach 200 m nach links Richtung FONTENOY/D 3. Das ist ein kleines Sträßchen. Ein paar verlassene Häuser und links die grasbewachsene Museumsbahnlinie. Von hinten treibt ein Citroën. In FONTENAY Richtung Obélisque. Der steht mitten im Gelände an der D 1. Hier wurde am 25. Juni 841 die Schlacht von Fontenoy zwischen den Enkeln Karls des Großen veranstaltet. Ein Jahr zuvor ist ihr Vater und der einzige -legitime-Sohn Karls des Großen Ludwig der Fromme gestorben. Ludwig der Deutsche und Karl der Kahle ließen ihre Heere gegen ihren Bruder Lothar kämpfen. Karl der Kahle war nur offiziell Kaisersohn. Seine Mutter war Judith, die Ehefrau des Kaisers, sein natürlicher Vater war Bernhard, ein Kammerdiener des Kaisers. Als Karl der Kahle davon erfuhr, war er schon in Amt und Würden. Um das zu bleiben, ließ er seinen Vater Bernhard erdolchen. Lothar verliert die Schlacht von FONTENOY. Diese

Schlachtentscheidung führte 843 zu dem Teilungsvertrag von VERDUN. Östlich des Rheins (bis zur Elbe) entstand das Ostfrankenreich, westlich der Marne das Westfrankenreich und in der Mitte von der Rheinmündung bis ROM das Reich Lothars. Das Reich Lothars wurde 40 Jahre später weitgehend vom Osten übernommen. Die Historiker des 19. Jahrhunderts rechneten von diesen Ereignissen ab das Werden von Frankreich und des Deutschen Reiches. Heute wird das ähnlich gesehen. Die Leute von damals hatten jedoch ein völlig anderes politisches Selbstverständnis.

Das Denkmal wurde 1860 errichtet. Daneben ist eine

Ein Obelisk, wo Frankreich entstand

Orientierungstafel angebracht.

Weiter auf der D 1. Nach 500 m nach rechts auf die D 85 Richtung St.-SAUVEUR-en-Puisaye. Der Blick auf die leicht wellige Landschaft um FONTENOY herum streift kilometerweit über die Landschaft. Rechts sind kleine Fischteiche. Angler verbringen hier ihren Tag. Wir kommen nach St.-SAUVEUR. Es ist gerade Markt (Mittwochvormittag).

Entweder: Von der D 85, an der Kreuzung, BP-Tankstelle in Sichtweite, nach links Richtung St.-AMAND-en-Puisaye. In St.-SAUVEUR Ausschilderung St.-AMAND nach rechts, vorbei an einem Kriegerdenkmal. Nach 100 m nach rechts von der Durchgangsstraße weg in die Rue de MOUTIERS. Das ist eine kleine Straße. In MOUTIERS nach links an einer -sehens-

Ich liebe die Kinder, und ich fahre langsamer

werten- gotisch/romanischen Kirche vorbei. Nach der Kirche nach rechts, vor einer großen Scheune mit den Buchstaben GB am Tor. Nach der Scheune nach links. Geradeaus Richtung Les MIDOUX. Überquerung der D 66. An der nächsten Kreu-

zung nach rechts Richtung BOURG-Neuf. Links der ein-
gegrenzte Wildpark St.-Hubert. In Les MIDOUX nach Les
Rivets. Dort ist der Campingplatz. Wir fahren am See entlang,
dann über eine Brücke. Da ist der Camping und das Badeufer.
Auf dem Parkplatz sind Toiletten, eine Dusche und eine Wasser-
stelle. Der Platz kann als Übernachtungsplatz in Frage kom-
men. Die Anlage gehört zur Gemeinde St.-FARGEAU, die mit
HERMESKEIL im Rheinland liiert ist. Im Wald in Strandnähe
sind Tische und Bänke aufgestellt.
   Oder: Von St.-SAUVEUR weiter auf der D 85 Richtung St.-
FARGEAU. Nach 5 km nach links abzweigen zum See von
Bourdon, Ausschilderung „camping."

Wildschweine

   Der See ist zur Hälfte von Wald umgeben und verlockt zu
einer Rund-Wanderung. Er ist 220 ha groß und dient als
Reservebecken für den Kanal von BRIARE. Ausflugsziele: St.-
FARGEAU mit Einkaufsmöglichkeiten, schönen Restaurants
und Pracht-Schloß. Dann der 5 km entfernte Tierpark St.-
Hubert. Zu erreichen: Richtung St.-FARGEAU bis zum Stau-
damm. Über den Staudamm, dann nach links Richtung
TREIGNY/D 185. Vom Staudamm noch 6 km bis BOUTISSAINT.
Dort ist mitten im Wald der Eingang zum Wildpark St. Hubert.
Der Park umfaßt 400 ha, bietet 100 km Spazierwege, 3 Teiche,
400 europäische Tiere (Hirsche, Damhirsche, Wildschweine,
Büffel etc), davon laufen 350 „frei" herum, Picknick im Park und
Angeln. Eintritt 40 FF, Kinder von 5-15 Jahre 30 FF. Jährlich
werden 60 t Mais, 20 t Hafer, 200 t Heu verbraucht.
Falls Sie Poterien-Fan sind, sollten Sie nach St.-AMAND
fahren. Dort erwartet Sie eine hehre Ansammlung von
Poteriengeschäften.

Der Pizza-Wirt ist geschieden

   Wir machen uns abends auf nach St.-SAUVEUR. Dort
kehren wir in der Nähe des Marktplatzes in eine Pizzeria ein.
Am Tisch lernen wir Jean-Michel kennen. Er wohnt in St.-
SAUVEUR und ist um die 30 Jahre alt. Wir erfahren rasch den
Ortsklatsch. Demnach ist der Wirt der Pizzeria geschieden.
Seine erwachsene Tochter arbeitet im Geschäft mit und be-
dient. Im Nebenzimmer tagt gerade der Hausfrauenverein der
Umgebung und sorgt für die Geräuschkulisse. Das Essen ist
gut. Uns hat es geschmeckt. Kreditkarten werden nicht akzep-
tiert. Nach Rückkehr am Camping setzen wir uns noch eine
Zeitlang an den See und genießen die Ruhe.

Tagesfahrt 7

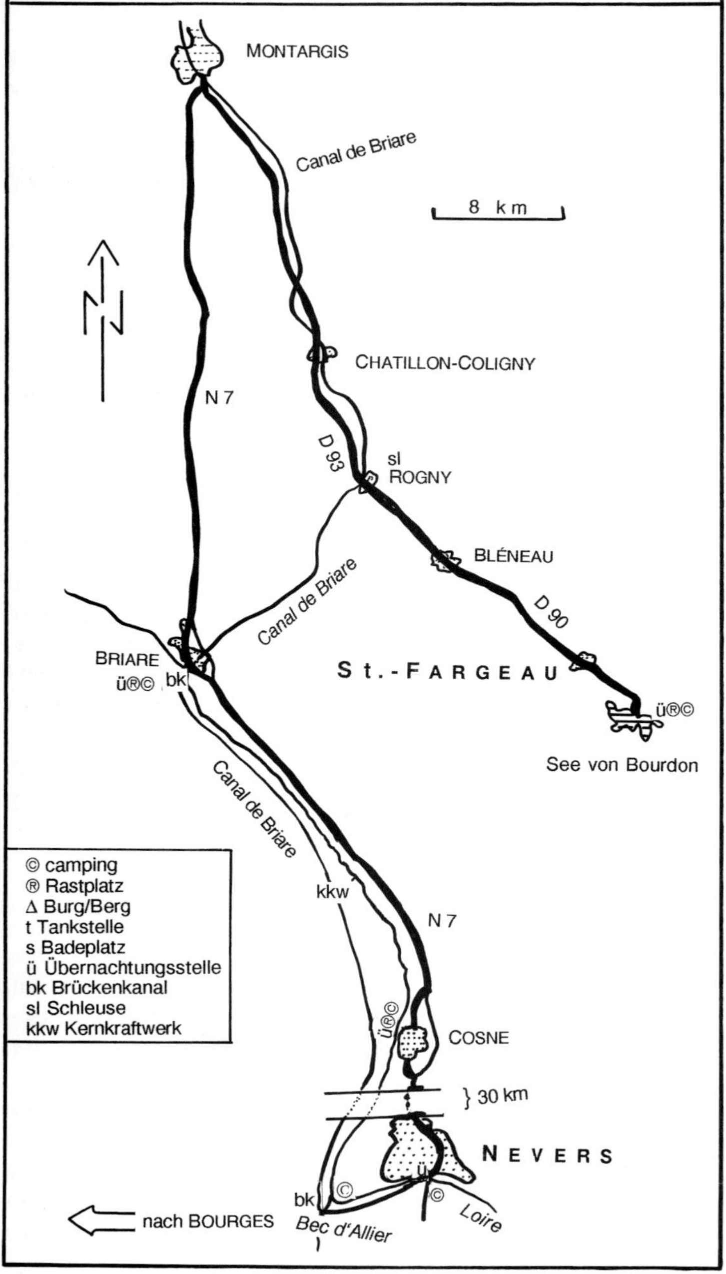

MONTARGIS

Canal de Briare

8 km

N 7

CHATILLON-COLIGNY

D 93

sl
ROGNY

BLÉNEAU

D 90

Canal de Briare

BRIARE
ü®© bk

St.-Fargeau

ü®©

See von Bourdon

Canal de Briare

kkw

N 7

© camping
® Rastplatz
Δ Burg/Berg
t Tankstelle
s Badeplatz
ü Übernachtungsstelle
bk Brückenkanal
sl Schleuse
kkw Kernkraftwerk

ü®©

COSNE

} 30 km

NEVERS

bk ©

nach BOURGES

Bec d'Allier

© Loire

82

St.-FARGEAU - NEVERS

Strecke:	St.-FARGEAU * CHATILLON-Coligny * MONTARGIS * BRIARE * COSNE * NEVERS
Entfernung:	180 km (!)
Besichtigen:	ROGNY/Schleusen 30 min., MONTARGIS 1h, BRIARE: Brückenkanal 30 min., Automuseum 1h; COSNE 1h
Übernachten:	NEVERS oder Bec d'Allier, jeweils Camping. Ⓤ s. Kapitel "Rauschen der Loire".

Wer hat bloß die Fußgänger erfunden?

Die Fahrt geht durch den Wald nach St.-FARGEAU. Dort Richtung MONTARGIS/D 90. Nach St.-FARGEAU genießen wir eine schöne Baumallee. Links langweilen sich zwei Pferde in einer Koppel. Ein Foyer des trois âges wird in St.-PRIVÉ angezeigt. Dabei muß es sich um ein Haus für drei Generationen handeln. Am Straßenrand blüht Klatschmohn. In BLÉNEAU grüßt uns ein aus Blumen gestecktes Dorfwappen. Die Fußgänger gehen ziemlich unbekümmert auf die Straße. Man hat ja Bremsen. 2 km nach BLÉNEAU ist ein netter Rastplatz angelegt.

Sieben Schleusen

ROGNY empfängt uns mit Blumen. In einem Boot ist der Stadtname mit Blumen ausgelegt. Ein Plakat informiert, daß am ersten Wochenende eines Monats Flohmarkt sei. Wir überqueren einen Kanal. Es handelt sich um den Canal de BRIARE. Unmittelbar nach der Brücke biegen wir links ein und parken. Wir laufen 300 m längs des Kanals und landen bei der Schleusentreppe ähnlich wie die 9 Schleusen bei BÉZIERS/Hérault. Hier sind 7 Schleusen den Berg hinauf gebaut. Über eine Brücke müssen wir gehen zu den sieben Schleusen. Die Schleusen sind heute Museumsstücke. Der Kanal wurde mittlerweile um den Berg herumgegraben. Der Bau der Schleusen wurden von Heinrich IV. am 16. März 1604 befohlen und 1605 begonnen. 1610 starb Heinrich IV. bei einem Attentat. Der Schleusenbau fand ein Ende. 1638 wurde der Bau wieder

Die Schleusen-Cascade bei ROGNY

aufgenommen. 1642 fuhren die ersten Kähne. Sie überwinden 34 Höhenmeter. Bis 1887 „erstiegen" die Frachtkähne, les chalands, 245 Jahre lang diese Anhöhe oder ließen sich herabschleusen.

ROGNY ist ein kleines Dorf mit knapp 800 Einwohnern und einer idyllischen Kanalpartie. Während wir durch ROGNY schlendern, fallen uns erneut einige Plakate auf, die auf Veranstaltungen für Touristen hinweisen. Es lohnt sich, diese Plakate anzusehen oder sich im jeweiligen Office du Tourisme (oder Syndicat d'Initiative) nach Veranstaltungen zu erkundigen.

Ein Hase sitzt im tiefen Tal

Auch ROGNY liegt an der route buissonnière, der grünen Straße. Keine Werbung ohne Logo. Längs dieser grünen

84

Straße taucht ständig der sitzende schwarze Hase im rotbraunen Halbkreis auf. Die Hasenstraße führt von PARIS durch die Ile-de-France und Burgund bis LYON. Es ist der Versuch der Regionen und der Départements, die Touristen auf die jeweils regionale Gastronomie aufmerksam zu machen. Sie werden an Hotels und Restaurants dieses Logo wiederfinden. Das Zeichen will guten Service versprechen.

Zuerst Versöhnung, dann Totschlag

Nach ROGNY beginnt das Département Loiret. Die D 90 wird zur D 93. Weiter nach MONTARGIS/D 93. Das Gelände ist flach. Wir erreichen CHATILLON-Coligny. Coligny erinnert an den Admiral Gaspard de Coligny. Er wurde hier 1519 geboren und war Führer der französischen Hugenotten, der Protestanten, in den Religionskriegen in Frankreich. Der König stand damals auf seiten der Katholiken. Coligny wurde 1572 einer der ersten Opfer der Bartholomäusnacht. Seine Leiche wurde am Galgen von MONTFAUCON, heute im Stadtbereich von PARIS, aufgehängt. Der Mordnacht fielen in PARIS 3.000 Hugenotten, meist Adlige, zum Opfer. In der Provinz wurden ungefähr weitere 20.000 Protestanten ermordet. Wenige Tage zuvor heiratete der protestantische Heinrich von Navarra (spätere König Heinrich IV. von Frankreich) die Schwester des katholischen französischen Königs Karl IX. Der Königinmutter Katharina von Medici, einer Dame aus der machtkampf- und verbrechensgewohnten Familie Medici aus FLORENZ, hatte die Entwicklung einer Aussöhnung nicht gepaßt. Sie nutzte die Anwesenheit des hugenottischen Adels bei der Hochzeit in PARIS und trat die Mordserie los.

Pionier, noch stärker, noch intelligenter

Das alte Stadtviertel von CHATILLON stammt aus dem 16./17. Jahrhundert. In der Ortsmitte fließt der Canal de BRIARE. In der Nähe liegt der Place Becquerel. Dort steht auf einem ansehnlichen Sockel Antoine Becquerel. Er lebte 1788-1878. Becquerel war Major der Pioniere in der Armee Napoleons. Dabei lernte er 1810-1812 als Militärtourist MEQUINENZA, TORTOSA, SAGUNT und VALENCIA in Spanien kennen. Napoleon I. wurde 1815 bei Waterloo von den Preußen unter Blücher geoutet. Becquerel sattelte um und wurde Physiker, später Professor. Er betrieb eine erfolgreiche Forschertätigkeit. Für einen Pionier eine enorme Leistung. Eine weitere Großtat vollbrachte er, daß er seinen Sohn Edmond auf eine ebenso forscherfreudige Physik-Laufbahn schickte. Die wissenschaftliche Glanznummer der Familie wurde der Enkel Henri Becquerel (1852-1908). Dieser entdeckte die radioaktive Strahlung des Urans. Sein Name wird heute als Maßeinheit zur Messung radioaktiver Strahlung benutzt.

Am Ausgang von CHATILLON Supermarkt mit preiswerter Tankstelle. In MONTBOUY überqueren wir wieder den Kanal. Ein Kilometer hinter MONTBOUY liegen links an der Straße die Reste eines gallorömischen Theaters aus dem 2. Jahrhundert. Rechts der Straße in einem Waldgelände stehen einige hübsche Wochenendhäuschen. Wir fahren durch Amilly, das mit NORDWALDE in Nordrhein-Westfalen liiert ist, und dann nach MONTARGIS hinein.

Klein-Venedig mit 127 Brücken

Am Anfang durchstreifen wir das Gewerbegebiet. MONTARGIS hat mit GREVEN in Westfalen eine Partnerschaft. Uns überholt ein rotes Moped. Das gehört zu einer Pizza-line. Wir finden rasch einen Parkplatz und laufen in die Stadtmitte. MONTARGIS ist Sitz einer sous-préfecture und hat knapp 18.000 Einwohner. Der Canal de BRIARE fließt durch die Innenstadt. Er heißt ab MONTARGIS Canal du Loing. Das ist das Flüßchen, das uns ab St.-SAUVEUR bereits ziemlich unscheinbar begleitet hat. Beide, der Kanal und der Fluß Loing, münden in die Seine. Von der Brücke am Place Mirabeau über den Kanal führt eine Treppe an den romantischen Uferweg. Neben dem (größeren) Kanal gibt es noch einige kleinere Kanälchen und Flüßchen mit insgesamt 127 Brücken.

Tochter trägt, Mutter schleppt, Johanna ritt vorbei

MONTARGIS ist ein kleines Zentrum. Die Geschäfte, die Fußgängerzone in der Nähe der Kirche St.-Madeleine in den kleinen Seitenstraßen zur Hauptstraße Rue Dorée verlocken zu einem Schaufensterbummel. Ebenso verlockend sollen die Pralinen sein, die hier hergestellt werden. Am Place Mirabeau bei St.Madeleine steigen aus einem Auto Mutter und Tochter. Die Tochter, ca 16 Jahre, trägt eine Reisetasche, die Mama schleppt die Koffer. Jenseits des Kanals, an seiner Nordseite, ist das Verkehrsbüro und dort wird auch Markt abgehalten. Nicht zu vergessen: am 19. Sept 1429 kam Johanna von ORLEANS auf dem Weg nach SENS vorbei .

Aus MONTARGIS heraus Richtung ORLÉANS/NEVERS, dann NEVERS/N 7. Wir fahren nach BRIARE durch. Wie gehabt, ziehen auf der schnellen Nationalstraße die Wohnwagengespanne unheimlich die Überholer an. Dichte Auffahrweise und Lichthupe bereichern die Verkehrskultur.

Plakatsäule in MONTARGIS

Aber Vorsicht, wer von den Straßenmitbenutzern gewagt fährt, kann oft nicht entsprechend gut fahren. Endnummern mit 75 und 78 sind hier besonders anfällig, das ist PARIS und Umgebung.
Wir fahren nach BRIARE rein. Am Ortseingang preiswerte Tankstelle mit Supermarkt. BRIARE hat 6.400 Einwohner und ist stolz auf seine Porzellanprodukte. In der Zeit 8.-31. Oktober 1870 und 1.-14. Jan. 1871 fanden hier Kämpfe der Nationalgarde gegen die Preußen statt.

Wasserkreuzung

Unmittelbar nach der Brücke über den Kanal nach rechts ab führt die Straße direkt zur Loire. Ein herrliches Ufer, Picknicken im Schatten und ggf. Übernachten. Man sieht von dort auch die ganze Länge der Kanalbrücke über die Loire. Man kann längs der Loire kilometerweit meist im Schatten spazierenlaufen. Weiter zur Kanalbrücke, pont-canal. Der Weg ist ausgeschildert: Zurück zur Hauptstraße, nach rechts in die Hauptstraße und nach ca. 200 m nach rechts. An der Kanalbrücke gibt es gute Parkmöglichkeiten. Wir laufen über die pompös aufgemachte Brücke. Sie wurde von 1890 bis 1894 gebaut und ist Teil des Loire-Seiten-Kanals. Die Brücke ist 662 m lang und einschließlich der Randwege 11 m breit. Das Werk ruht auf 15 Eisenpfeilern. Die Wassertiefe beträgt 2.20 m. Von der Brücke gehen Treppen zum Loire-Ufer hinunter. Der Loire-Seiten-Kanal führt zum Canal de BRIARE, der bereits 1642 fertiggestellt wurde. Von der Kanalbrücke aus ist ein schöner Rastplatz (Entfernung 500 m) ausgeschildert. Der befindet sich an der Loire, hat einen

Die Kanalbrücke des Canal de BRIARE über die Loire

Wasserhahn mit - angeblichem - Trinkwasser und Kinder-
spielplätzen.

Zurück zur Hauptstraße, nach rechts Richtung NEVERS.
Am Ortsende nach NEVERS ist ein privates Automobil-
museum -Eintritt: 30 FF- untergebracht. Dort sind zahlreiche
Exemplare von Ende des 19. Jh. bis in die 60er Jahre zu sehen,
darunter NSU-Spider 1959, Borgward, Renault 1898, Motorräder etc. Mit der Schreibweise der deutschen Markennamen
haben die Museumsleute allerdings leichte Probleme. An der
Straße steht als Blickfang ein kleineres US-Panzerfahrzeug
von 1944. Im Hof rostet ein Fieseler Storch vor sich hin.

Loire-Romantik

Die Nationalstraße heizt durch bis NEVERS. Wer aber die
Loire richtig genießen will, der muß immer wieder die kleinen
Orte anfahren. Jede Gemeinde an der Loire hat sehr romantische Uferwege eingerichtet. Ein Spaziergang an der breiten,
ruhig dahinfließenden Loire an einem warmen Sommerabend,

Canal de BRIARE, Brückeneinfahrt

einfach schön. Hier fallen sogar abgebrühte Scheidungs-
anwälte aus der Rolle. Fragt sich nur mit wem. Hoffnung heißt
doch, immer neu beginnen. Die Straße, die westlich der Loire
führt, die D 951 ist gemütlicher, hält aber großen Abstand zum
Fluß. Gründe sind die Hochwassergefahren. Am Loire-Ufer
sind zahlreiche Campingplätze. Unterwegs bei NEUVY-sur-
Loire steht ein Kernkraftwerk. Wir kommen wieder in das
Département Nièvre.

Bei COSNE-sur-Loire fahren wir von der Nationalstraße ab
und in die Stadt hinein. Im Zentrum von COSNE wird gerade

kräftig gebaut. So ist die Verkehrslage ungemütlich. Die 11.000 Einwohnerstadt ist mit ihrem idyllischen Loire-Ufer ein hübsches Städtchen. An der Stadtbibliothek in der Nähe der Loire entdecken wir einen original deutschen Briefkasten. Bad Ems ist die Partnerstadt. Am Ufer der Loire liegt ein gewaltiger Anker, der 1861 in COSNE hergestellt wurde. Die Stadt beherbergte eine wichtige Eisengießerei, die am Ende des 18.

Die Schokoladenseite von NEVERS. Direkt am anderen Ufer gegenüber liegt ein Ü-Parkplatz

Jahrhunderts nach NEVERS verlegt wurde. Sie gehörte bis 1781 einem Baron. Damals zeigte der später um Haupteslänge gekürzte König Ludwig XVI. Interesse. Er kaufte die Eisengießerei, aber bezahlte sie bis heute nicht. Der Baron starb verarmt. Keine Frage: Rückgabe vor Entschädigung für die Erben.

NEVERS und das Rauschen der Loire

Wir fahren auf der Nationalstraße weiter Richtung NEVERS. Bei POUILLY-sur-Loire treffen wir wieder auf Weinfelder. Ein bekanntes Gewächs ist der Wein von SANCERRE vom anderen Ufer der Loire. Vor NEVERS ist die N 7 über die Höhen für einige Kilometer schick vierspurig ausgebaut. Dann geht es noch mit 40 km/h ins Tal. Die Einfahrt in NEVERS ist recht trostlos. Wir nützen die Umgehung des Stadtkerns Richtung

MOULINS, über die Loire-Brücke. Vor dem Brückenende nach links einfädeln. Nach der Brücke nach links zum 100 m entfernten Camping. Ein möglicher Übernachtungsplatz: An der Loire angekommen, nicht nach links über die Brücke, sondern nach rechts/gerade Richtung FOURCHAMBAULT/Gare einfädeln und dann im Halbkreis - leichte Rechtskurve, dann nach links, dann in der nächsten Rechtskurve nach links auf einen Platz unterhalb der mächtigen Brücke an der Loire - wieder an die Loire zurück. Vorsicht beim Abbiegen in den Platz. Als wir dort waren, schien der Platz sicher zu sein. Auf jeden Fall hört man das Rauschen der Loire. Wem der Camping in NEVERS wegen der nahen N 7 zu laut ist, soll noch 3 Kilometer zum Bec d'Allier weiterfahren, Richtung BOURGES.

Tagesfahrt 8

NEVERS

Besichtigen: NEVERS, Bec d'Allier

Zeit: 1 Tag

Übernachten: Campingplatz NEVERS,
               oder s. Tagesfahrt 7

Einkaufen/   NEVERS Rtg MOULINS/
Tanken: BOURGES an der N 7

Hiroshima mon amour

Vom Camping hat man einen herrlichen Blick auf die Stadt. Der Viereckige Turm der Kathedrale und die Umrisse des Palais Ducal krönen die Silhouette von NEVERS. Die Lage auf einer Anhöhe verlockte die keltischen Häduer, darauf eine Festung zu bauen. Die kassierte Caesar bei seinem Marsch nach GERGOVIE, das heutige CLERMONT-FERRAND. Dort sah Gajus Julius militärisch recht alt aus. Die Häduer bekamen Wind davon und eroberten den NEVERS-Hügel mit dem römischen Nachschub zurück. Für den lateinischen Durchhalteknüppel bedeutete der Verlust seiner Ersatzsandalen eine spürbare Verzögerung des Endsieges in Gallien. Kleopatra mußte warten. Die 45.000 Einwohner zählende Hauptstadt des Département zeigt seine Schokoladenseite. Dort spielte ein Teil der Geschichte des Filmes: „Hiroshima mon amour". Eine französische Schauspielerin erlebte während der Kriegsjahre in NEVERS die Liebe zu einem deutschen Soldaten. Der Film wurde 1959 gedreht.

Bombenausweichziel Kathedrale

Keine Filmgeschichte ist die Bombardierung der Stadt durch die Briten im Juli 1944. Die Staffeln des Eisenfressers Harris hatten wahrscheinlich die Loirebrücken zum Ziel. Doch die trafen sie nicht. Dafür hauten sie die gotische Kathedrale

1 Übernachtungsplatz; 2 Tor des Croux; 3 Kathedrale St.-Cyr; 4 Rathaus; 5 Herzogspalast; 6 Verkehrsbüro; 7 Pariser Tor 8 Kirche St.-Etienne; 9 Richtung Camping

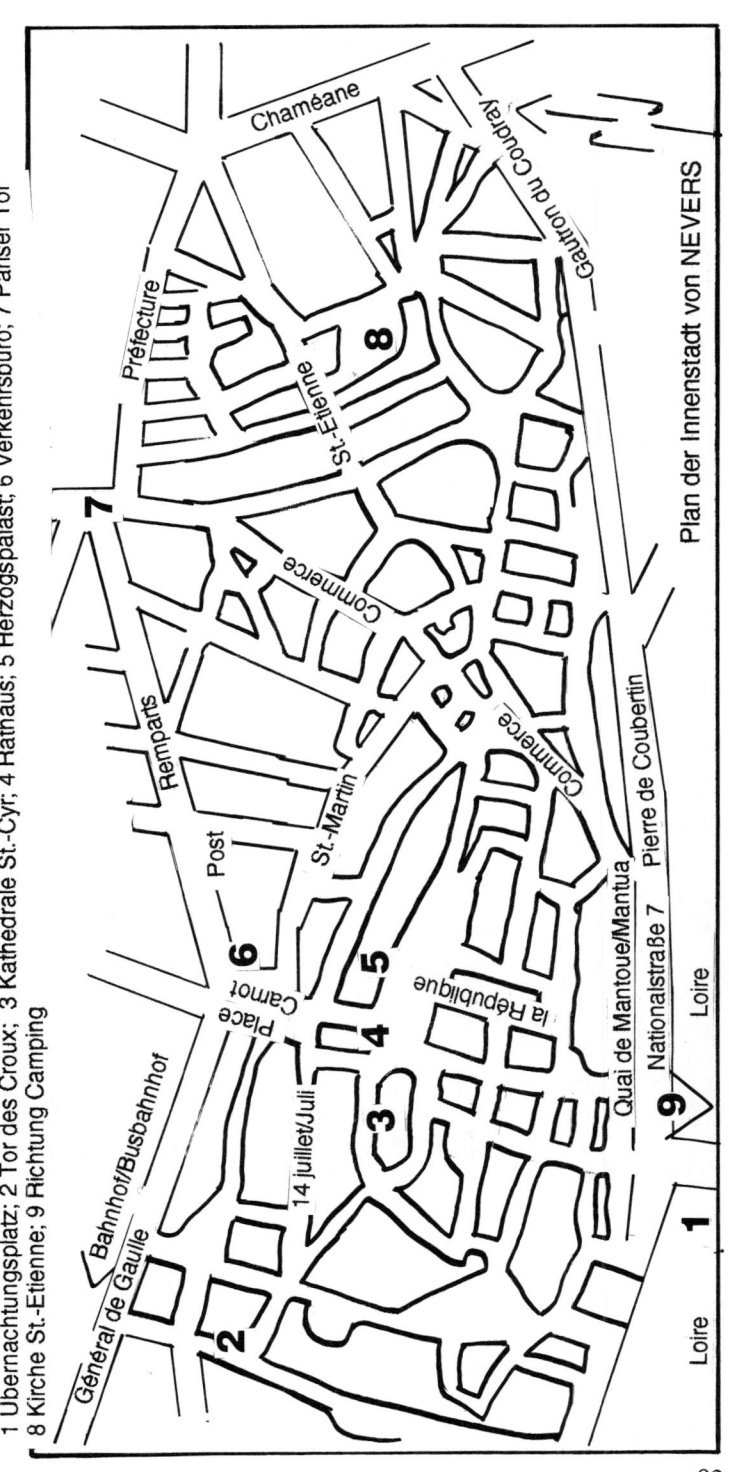

Plan der Innenstadt von NEVERS

93

kaputt. Vom Camping sind es 10 Minuten zu Fuß in die Stadtmitte. Wir gehen über die Loire-Brücke zur Stadt. Am anderen Ufer nach rechts und über die Straße Pierre Coubertin zum Quai de Mantoue, dem Uferweg von Mantua. Die lombardische Stadt hat Napoleon 1. 1797 erobert. Später wurde der von den Bayern gefangengenommene Tiroler Freiheitskämpfer Andreas Hofer nach Mantua gebracht und dort erschossen.

Die Namensgebung hat einen anderen Grund. Im 17. Jahrhundert waren die Fürsten von Mantua gleichzeitig Herzöge von NEVERS. Von diesem Mantuaweg führen Treppen zur Stadt hinauf. Sinnigerweise werden sie Aufstieg der Fürsten genannt, montées des princes. Zutreffend angesprochen gehen wir nach oben. Die erste Station des Aufstiegs ist der Square Anatole France. Dieser grenzt an den Republikplatz, Place de la République.

Prinzessinnen und Fayencen

Dort steht der Palais Ducal, der Herzogspalast. Bescheiden wie Gemeinderäte sind, haben sie darin ihren Ratssaal eingerichtet. Wir durchqueren den Park zum Herzogspalast. Der Renaissance-Bau wurde 1475 begonnen und im 16. Jahrhun-

Der Herzogspalast in NEVERS

dert beendet. Im Herzogspalast haben zwei französische Prinzessinnen aus dieser Ecke gewohnt, Louise-Marie de Gonzague und Marie de la Grange d'Arquian, die im 17. Jahrhundert Königinnen von Polen wurden. Die Louise hat sogar zwei polnische Könige geheiratet. Die aus Italien stammende Adelsfamilie Gonzague begründete einen wichtigen Wirtschaftszweig der Stadt. Die Herrschaften ließen aus Italien Handwer-

ker kommen, die in NEVERS eine Fayence-Fabrikation auf-
bauten. Die nach der norditalienischen Stadt FAENZA benann-
ten Tonwaren brachten und bringen den Handwerkern und
Kaufleuten von NEVERS das Geld der reichen Leute. Heute
stellen noch drei Betriebe Fayence-Waren her. Im städtischen
Museum wird eine schöne Sammlung dieser Kunst gezeigt.
Der Eintritt ist kostenlos. Das Museum liegt an der Rue St.
Genest.

Studenten bei der „Arbeit"

Wir kommen bei unserem Rund-
gang dort vorbei. 1990 wurde der Palast vollständig restauriert.

Ministerpräsident und Oberbürgermeister

Neben dem Palais haben wir das Rathaus. Dort hat Herr
Bérégovoy seinen Sitz. Er ist (1993) neben seiner Tätigkeit als
französischer Ministerpräsident noch -ehrenamtlicher- Oberbürgermeister von NEVERS. Gegenüber davon steht die Kathedrale Saint-Cyr und Sainte-Julitte. Ursprünglich stand hier

95

im 6. Jahrhundert eine Bischofskirche. Davon sind noch zwei Taufbecken erhalten, ein rundes und ein achteckiges, die unter dem gotischen Chor stehen. Diese wurden entdeckt, als man nach dem verheerenden, britischen Luftangriff vom Juli 1944 ans Aufräumen ging. Diese Luftangriffe richteten vor allem im Ostchor schwere Schäden an. Die Ursprünge der heutigen Kirche gehen auf das 11. Jahrhundert zurück. Der romanische Ostchor ist aus dieser Zeit noch erhalten. Dort restaurierten Rumänen acht Monate lang eine großen Deckenfreske. Sie war bislang unter dem Putz verborgen. Sie ist seit Ostern 1992 zu bewundern und zeigt eine Christusfigur mit dem Teil: Christus im Ruhme. Sie wird auf das 12. Jahrhundert datiert. Die Freske weist byzantinische Einflüsse auf. Umbauten und Erneuerungen verwandelten den romanischen Bau in eine gotische Kathedrale. In der Kathedrale wird weiter gearbeitet. Die Bauleute belegen fast die halbe Kirche. Die hohen Fenster lassen majestätisch Licht auf den armseligen Besucher fallen. Die Kirche ist vom Licht geradezu durchflutet. Vor Gott sind alle Menschen gleich. Aber wahrscheinlich nur aus der riesigen himmlischen Distanz. Im Kirchenrund gibt es feine Unterschiede. Der Bischof der Diozese von NEVERS Michel Moutel hat neben dem Altar seinen eigenen, herausgehobenen Stuhl. Vielleicht ist die Kirche immer so voll, daß er nur so zu einem Sitzplatz kommt. Das Innere des Gebäudes ist fast karg. Heizstrahler an jeder Stuhlreihe sollen die Kühle vertreiben. Es ist erst Ostern. Was im Sommer angenehme Temperatur ist, kann sonst klapprig kalt sein. Am Bischofsstuhl ist jedoch keine sichtbare Heizung angebracht. Wir gehen heraus, lassen den Herzogspalast rechts stehen, links ist das Rathaus und wen-

Die romanische Kathedrale St.-Étienne

La Porte du Croux

den uns Richtung Innenstadt zum Platz Carnot.

NEUBRANDENBURG und KOBLENZ

Dort gehen wir nach rechts in die rue St. Martin. Es ist eine enge, ungemütliche Geschäftsstraße mit durchlaufendem Autoverkehr. Sie führt zum Platz St. Sebastian, place St.-Sébastien. Der wirkt angenehmer.

Quo Vadis millimetergenau im Brückenkanal des Bec d'Allier

Zwischendurch erfahren wir, daß NEVERS 8 Partnerstädte hat. Darunter sind KOBLENZ und NEUBRANDENBURG. Nach links und rechts verlaufen Fußgängerzonen auf der Handelsstraße, der rue du commerce. Wir wenden uns nach links. Die Läden wirken exclusiver. Die Straße war früher eine Durchgangsstraße und führt noch heute den Titel einer Nationalstraße Nr. 7. Diese hat natürlich PARIS zum Ziel. Am

Place Guy Coquille, Platz Gerhard Muschel, nach rechts zur Rue St.Étienne, diese nach links und achten Sie auf der rechten Seite auf eine kleine Gasse. An der wird die romanische Kirche St.Étienne angezeigt, und sie führt auf sie zu.

Saint-Étienne

Wir laufen um die Kirche herum und gehen hinein. Keine Menschenseele ist sonst da. Das ist schon ein eigenartiges Gefühl. Der Raum ist sehr dunkel und wuchtig. Die Romanik hat ja etwas Zyklopenhaftes. 610 gründeten auf diesem Grundstück irische Wandermönche ein Frauenkloster. 1063 begannen Benediktiner aus CLUNY auf den Ruinen des Klosters diese romanische Kirche zu bauen. Nach über 30 Jahren war der Bau fertig, und die Kirche konnte geweiht werden. Einmalig an der Kirche ist die dreigeschossige Bauweise, die mit dem Tonnengewölbe verbunden wird. Das geht nicht ohne statisches Risiko. Bis heute hält das Gewölbe. Die Zerstörungsfundis der Französischen Revolution machten sich nur an die Westtürme. Wir haben eine der besterhaltenen, frühromanischen Kirchen Frankreichs vor uns. Der Begriff „Romanik" rührt von dem französischen Gelehrten De Gerville, der 1818 damit die vorgotische Baukunst des Abendlandes bezeichnete. Der Rest der Kunstwelt übernahm diese Namensgebung.

Französischer Sieg über England

Wir gehen wieder den gleichen Weg zurück auf die rue du commerce und dort nach rechts. Am Ende der Fußgängerzone steht eine Kirche, église St.-Pierre, die Kirche zum Heiligen Petrus. Der Marmoraltar wurde 1615 hergestellt. Wenige Meter in Verlängerung danach erhebt sich ein Triumphbogen nach altrömischem Vorbild, die porte de PARIS, das Pariser Tor. Die rue des Ardilliers führt Richtung Paris hindurch. Sehen Sie bereits den Eiffelturm am Horizont? Der Triumphbogen ist von der treuen Bevölkerung von NEVERS dem von seiner Mätresse Pompadour gelenkten König Ludwig XV. gewidmet. NEVERS dankte ihm für seinen Sieg 1745 bei Fontenoy im heutigen Belgien über die Engländer und Holländer. Ludwig XV. war bei der Schlacht anwesend. Die eingemeißelte Lobhudelei verfaßte Günstling Voltaire. Wir gehen nach links auf die rue des remparts. Nach einigen Metern ist links ein Rekrutierungsbüro der französischen Armee mit Spielzeugsoldaten und Miniaturpanzern im Fenster. Laufbahnmuster und Soldangaben sind lustos angebracht. Wir gehen weiter in der rue des remparts, der Straße der Stadtmauern. Nach 400 m biegen wir in eine kleine Seitenstraße nach links ein. An der Ecke steht die Post. Wir kommen wieder auf die rue St.-Martin. Wir wenden uns nach rechts zum Platz mit der Handelskammer, dem Carnotplatz, auch schon bekannt und gehen auf der linken Platzseite in die Straße des 14. Juli.

Die Straße des 14. Juli macht einen einfachen Eindruck. Was nicht Fußgängerzone ist, zieht offenbar keine kauflustige Kundschaft an. Ausländische Restaurants reihen sich aneinander. Wir gehen die Straße weiter und sehen bald das

Quo Vadis wird zur Kanalbrücke hochgeschleust

mächtige Tor Croux, Porte du Croux, aus dem 14. Jahrhundert. Die letzte Straße links vor dem Torturm ist die rue St.-Genest mit dem Fayencemuseum. An der Innenseite des Torturmes ist der Eingang zum Archäologischen Museum. (Öffnung mo 14h-19h, mi-so 10h-12h und 14h-19h Eintritt FF10, Kinder die Hälfte). Die Straße hat nostalgisches Kopfsteinpflaster und man stolpert etwas über Berg und Tal. Schräg gegenüber des

Archäologischen Museums sehen wir ein Fayencegeschäft. Wir verlassen das alte NEVERS durch den Turm du Croux und gehen nach links in den Park, der längs der Stadtmauer angelegt ist. Der Park führt bis zur Loire vor. Auf halber Strecke geht nach links ein Mauerdurchbruch in den Garten des Archäologischen Museums. Von dort kann man die Mauern besteigen. Inmitten des Gartens sehen wir einen vergitterten Brunnen. Die den Garten begrenzenden Gebäude sind halbverfallen. Wir gehen zur Loire und bummeln zum Campingplatz zurück.

Der Schiffskanal über den Allier
Der zweite Abschnitt unseres NEVERS-Besuches gilt dem Bec-d'Allier, der Mündung des Allier in die Loire.
WEG zum ALLIER:
Wir fahren aus NEVERS in Richtung MOULINS auf der N 7 hinaus. 1 km nach der Loirebrücke biegen wir nach rechts Richtung BOURGES auf die D 976 ab. Eine Notbrücke führt derzeit über den Allier. Die neue Brücke wird gemeinsam von den Départements Nièvre und Indres gebaut. Der Allier ist hier Départements- und Regionsgrenze. Nach der Brücke finden wir nach links am Ufer des Allier einen Parkplatz. Der Platz gehört zu einem Restaurant. Nach der Brücke nach rechts geht es zum Campingplatz. Der Allier fließt einen knappen Kilometer weiter nördlich in die Loire Die Notstraßenbrücke der D 976 hat eine ungewöhnliche Schwester. Sie überquert nur 200 m südlich, flußaufwärts den Allier, und wir sehen sie jetzt in ihrer ganzen Länge. Sie trägt keine Autos über den Fluß, sondern Schiffe. Es ist ein Brückenkanal, pont-canal, von 700 m Länge. Mit ihrer Hilfe überquert der Kanal des Zentrums, Canal du Centre, den Allier. Die Kanalbrücke können auch Zweiradfahrzeuge und Fußgänger benutzen. Mit zwei Schleusenvorgängen werden die Schiffe, die aus dem Westen kommen, auf die nötige Höhe emporgehoben.

Holland, quo vadis?
Das holländische Schiff, das gerade vor der Schleuse wartet, und nach Osten will, heißt Quo vadis. Es regnet so mittelprächtig, daß unsere Lust und Laune abnimmt. Der Schleusenvorgang braucht Zeit. Bis ein Schiff völlig durch ist, sind ein bis zwei Stunden weg. Wir bleiben und warten geduldig mit anderen Touristen. Die 350 Tonnen-Schiffe sind bei einer Länge von 38 m mit ihrer 5,05 Breite nur wenige Zentimeter schmaler als die Kanalbrücke und die Schleuse. So muß der Kapitän präzise vorsichtig und geduldig manövrieren. Der Allier sieht recht wild aus. Er hat mehrere Inseln und ist nicht schiffbar. Das Ufer ist morastig. Aber es finden sich Plätze, um zu picknicken. Das Ufergelände kann man vom Parkplatz aus zu Fuß erreichen.

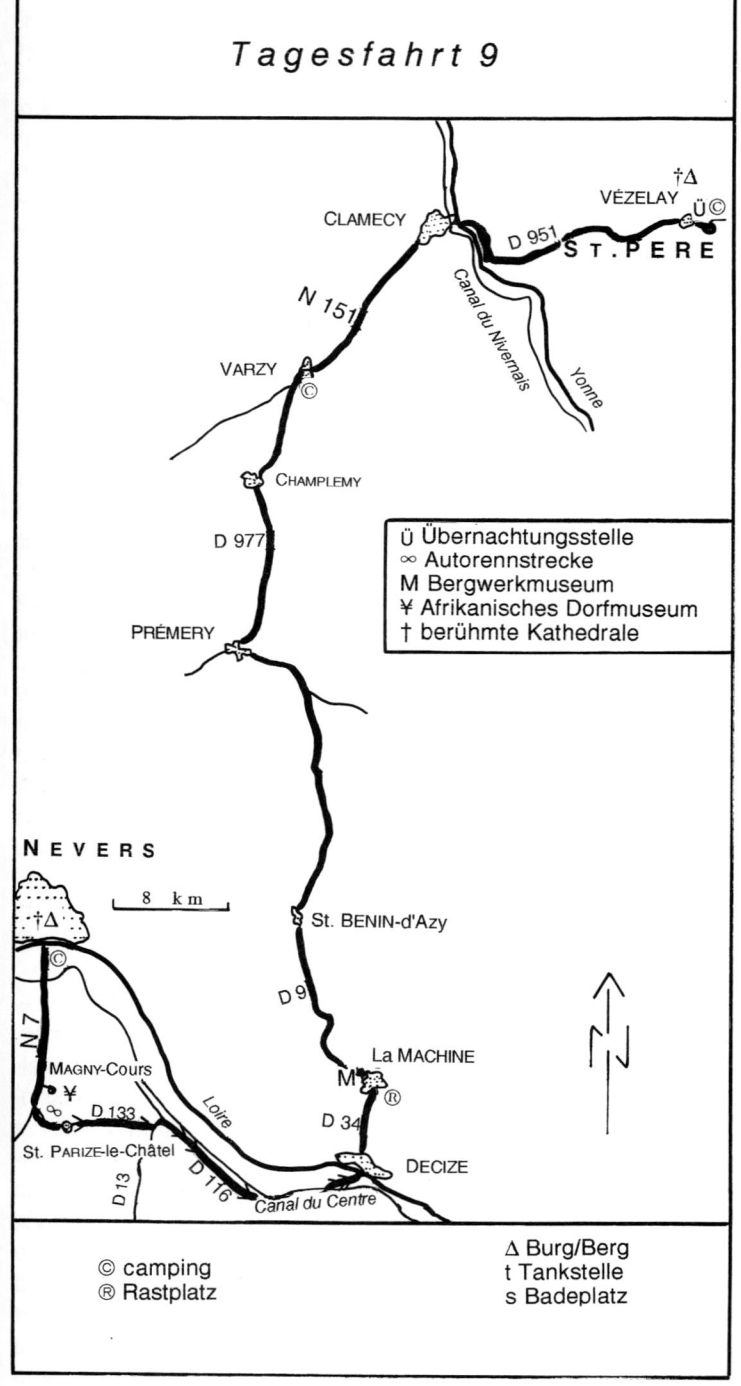

Tagesfahrt 9

VÉZELAY †Δ
Ü©
CLAMECY
D 951
ST.PERE
N 151
Canal du Nivernais
Yonne
VARZY
©
CHAMPLEMY
D 977

Ü Übernachtungsstelle
∞ Autorennstrecke
M Bergwerkmuseum
¥ Afrikanisches Dorfmuseum
† berühmte Kathedrale

PRÉMERY

NEVERS
8 km
†Δ
©
St. BENIN-d'Azy
N 7
D 9
MAGNY-COURS
¥
La MACHINE
M
®
∞ D 133
Loire
St. PARIZE-le-Châtel
D 34
D 13
D 116
DECIZE
Canal du Centre

N

© camping
® Rastplatz

Δ Burg/Berg
t Tankstelle
s Badeplatz

NEVERS - VÉZELAY/St.-PERE

Strecke:	MAGNY-Cours * DECIZE * La MACHINE CLAMECY *VÉZELAY
Besichtigen:	Afrikadorf in MAGNY-Cours 1 h, Bergmuseum in La MACHINE 1h, VEZELAY 2h
Entfernung:	140 km
Übernachtung:	St.-PERE Camping

Afrikanisches Dorf

Auf der N 7 nach MAGNY-COURS, Richtung MOULINS. Von der N 7 rechts nach MAGNY-COURS. Am Ortsrand steht ein Schild Village Musée Africain, das zum Afrika-Dorf weist. Das wird wohl das einzige afrikanische Dorf sein, das so gut ausgeschildert ist. Ein Bus vor uns hat offenbar dasselbe Ziel. Es ist eine Gruppe von Senioren. Darunter befinden sich einige Herrn, die lange Jahre ihrer beruflichen Zeit in Afrika zugebracht haben, wie wir später erfuhren. Gründer und Herr des Museums ist Monsieur Prestat, ein rüstiger Herr im Rentenalter. Er hat Jahrzehnte in Afrika zugebracht und eine noble, attraktive Afrikanerin geheiratet. Sie macht die Finanzen. Die beiden haben seit 1986 in privater Initiative dieses Museum aufgebaut. (Erwachsene FF 25, Kinder bis 10 Jahre FF 15. Geöffnet außer dienstags vom 15. 4. bis 31 . 10.) Das Afrikadorf besteht aus ca 10 Hütten. Das Palaverzentrum ist nach allen Seiten offen. Selbst WC und Kasse sind in einer Hütte. Die Exponate stammen aus Zentralafrika, Sudan, Niger, Kamerun, Kongo/Zaire - von über 100 kleinen Völkerstämmen. Während seine Frau zügig durch die Hütten führt, erläutert Herr Prestat zwei Stunden mit einer beispiellosen Hingabe und nicht ohne Eitelkeit Stück für Stück. Was sich da alles findet: Buschtrommeln in jeder Ausführung. Die Dinger sind bis über 5 km zu vernehmen. Baumscheiben von mehr als hundert Meter hohen Bäumen. Ein Reichtum an Kleinigkeiten, Schlangen, Schlangenhäuten, ausgestopften Krokodilen, ausgestopften Affen, Einbaum-Boot, Masken, Röckchen der Damenwelt, Armbrust eines Pygmäen, die er einem Portugiesen im 17. Jahrhundert abgeguckt und nachgebaut hatte. Schädel von Löwen, Leoparden, Elefanten, Gepard, Gorilla mit völlig erhaltenen Zähnen. Antilope, Büffel, Pithonhäute, Stoßzähne eines Elefanten, Aquarelle des Herrn Prestat. Studienmodelle: hübsche, drallige, leicht- wie unbekleidete, naturbelassene, junge Afrikanerinnen. Ein Zeugnis für das harte Leben französischer Kolonialmenschen. Leider gibt es vom Museum keine deutsche Beschreibung. Der Prospekt liegt nur in französisch vor.

Mit 300 km/h über den Asphalt

Zurück zur N 7. Dann nach rechts in Richtung St. Patrizele-Châtel. Bei St. Patrize befindet sich eine Autorennstrecke. Jean Bernigaud hatte eine Rennstrecke 1960 über 1.860 m bauen lassen. Heute mißt der Formel-1-Rundkurs

Nachbau eines afrikanischen Dorfes in MAGNY-Cours

4.271 m. Streckenweise werden mehr als 300 km/h geheizt. Über 80.000 Zuschauer können die Rennen verfolgen. Links sehen wir den Rundkurs. Weiter in Rtg IMPHY/DECIZE auf der D 133. Die Ecke ist dünn besiedelt. Wir erreichen die D 13 und biegen links ab, Rtg DECIZE. Es geht auch nach rechts nach DECIZE, aber das ist ein kleiner Umweg. Also nach links zur D 116 in Le FOURNEAU und dort nach rechts nach DECIZE am Canal du Centre entlang. Es regnet den ganzen Tag schon. Die Kühe stellen sich in einer Ecke zusammen und strecken ihr Hinterteil den Autofahrern zu.

Fahrkünste von Dorf zu Dorf

In DECIZE weiter Richtung La Machine. DECIZE ist eine nette, aufgeräumte Kleinstadt mit 7.550 Einwohnern. DECIZE hat zwei Teile, die Altstadt, hoch oben über der Loire. Das andere DECIZE ist nicht außergewöhnlich. Ein LKW parkt mitten in der Innenstadt. Die Warnlichter sind eingeschaltet. Der Fahrer steigt aus und kauft ein. Wir überqueren den Aron und den Canal du Nivernais Richtung NEVERS auf der N 81 und nach 500 m nach rechts auf die D 34, Richtung La MACHINE. Wir überholen in St. LÉGER-des-Vignes einen durchgestylten Radfahrer mit walkman. Vorbei an schönen Neubausiedlungen verlassen wir den Ort. In Sachen Infrastruktur und Neubausiedlungen hat sich in Frankreich in den letzten Jahren einiges getan. Nach St. LEGER durchfahren wir den Wald der Minimes, der Kleinen. Die Straße bekommt wieder die bekannte rötliche Decke. 30 m vor unserem Nummernschild spaziert ein Peugeot 305 durch die Landschaft. Diese Fahrweise erinnert an die Methode, mit der man im ländlichen Frankreich noch vor Jahren gefahren ist.

Bergwerk

La MACHINE kündigt sich mit seinem Bergwerkmuseum an. Am Ortsrand breitet sich rechts ein bewaldetes Picknickgelände aus, aire de pique-nique. Zwischen dem Gelände und dem bebauten Gebiet führt eine Straße nach rechts zu den unbefestigten Parkplätzen. Dieser Parkraum eignet sich als Übernachtungsstelle mit WC und Wasser. Schräg gegenüber ist das Bergwerkmuseum dieser alten Bergarbeitersiedlung. (Das Museum ist vom 15. Juni bis zum 15. September von 10h-12h und 15h-19h bis auf dienstags, Oktober, März-Mai ist noch sonntags 14h-18h geöffnet.) 100 m nach dem Picknickgelände ortseinwärts führt nach rechts eine Straße zum alten Förderturm. Die Richtung ist mit gendarmerie/ Puits de Mine/complexe sportive ausgeschildert. Wenn man die D 34, auf der wir gekommen sind, weiterfährt, findet man am Ortsende einen Maximarché mit Tankstelle. An das Museum nach links auf die D 9 Richtung St. BENIN-d'Azy. Bei der Fahrt aus La

MACHINE heraus kommen wir an einer alten Bergarbeitersiedlung mit bescheidenen Einfamilienhäuschen vorbei. Wir
durchstreifen ein Mischwäldchen, den Bois du Papillon, den
Schmetterlingswald. Die D 9 entpuppt sich als eine Vertrags-
und Teststrecke für die Hersteller von Stoßdämpfern. Trois
Vèvres säumt unsere Strecke. An der Hauptstraße ist ein
Anschlagbrett mit allerlei Gemeindenachrichten dran. Ein Zeichen, wie dörflich die französischen Gemeinden noch sind. Wir
überholen einen einsamen Spaziergänger mit Gummistiefel.
Er wird auf dem Wege zu den Fischen sein. Am Straßenrand
tauchen gelbe Blumen auf. Ein Bauernhof mit Schafen liegt am
Wegesrande. In MARCILLY steht ein Schloß mit großem
Gelände. Die Landschaft öffnet sich wieder. Der Wald geht
zurück und die burgundische Garten- und Hügellandschaft
zeigt sich. Ein alter 2 CV keucht vor uns. Weiter Richtung
PRÉMERY auf der D 9.

Holz und Hunde

Die Holzwirtschaft spielt eine bedeutende Rolle. Am
Straßenrand sind laufend große Holzhaufen aufgeschichtet.
Die Blumen bringen erneut eine willkommene Abwechslung in
das fast als eintönig empfundene Grün. Während heute morgen schönes Wetter war, zieht sich jetzt der Himmel wieder zu.
Der Verkehr auf der D 9 ist sehr spärlich. Der Wald überwölbt
unseren Weg. Auf einem Bauernhof rostet die Karosserie eines
alten Citroën 15 CV, bekannt unter Ganoven-Citroën, vor sich
hin. In den Scheuern steht manch altes Mobil herum. Der Hund
kläfft. Zwischendurch machen sich Anhäufungen von Briefkä-
sten mitten in der Landschaft, meist an Kreuzungen bemerk-
bar. Die werden von rollenden Briefträgern bedient, und die
Empfänger müssen dann aus ihren entfernteren Höfen und
Häusern die Post abholen. 7 km vor PRÉMERY auf die D 38
nach links. PRÉMERY hat einen sichtbaren Industrieteil mit
rauchenden Schloten. Doch die Landwirtschaft prägt die Kleinstadt. Wir richten uns zunächst nach toutes directions, und
dann nach AUXERRE auf der D 977. Der Camping Municipal
von PRÉMERY liegt an einem See. Der See ist auf der rechten
Seite unserer Ausfahrt künstlich innerhalb eines Naherholungs-
gebietes angelegt.
Im Bereich des See's gibt es Übernachtungsmöglichkei-
ten für das WOMO und seine Besatzung. Am See ist eine
Toilette und Wasserstelle. In der Nähe ist ein Supermarkt
„major".

Bahnübergang mit Schrankenwärterin

Wir verzichten auf ein Foto vom Schloß von GIRY, da wir kurz zuvor einen stinkenden LKW überholt haben. Ein Wohnwagengespann aus den Niederlanden kommt uns entgegen. Zu Ostern ist wenig touristischer Verkehr und so gibt es auch weniger Niederländer. Im Sommer sieht das völlig anders aus. Die Speisekarten in den Restaurants sind eher in holländisch als in deutsch anzutreffen. Hinter CHAMPLEMY kehren die Baumreihen am Straßenrand wieder. Schön aber ungesund. Einige Kilometer vor VARZY sehen wir nach Tagen wieder Felder, weniger Wiesen. In VARZY stehen am Ortsrand große Getreidesilos. Wir überqueren in VARZY einen beschrankten Bahnübergang. Die Gleise sind nicht für tiefergelegte Mantas geeignet. Also Vorsicht. Nicht ganz so hügelig wie ehemals real sozialistische Bahnübergänge. Wir fahren weiter die D 977 -nicht die N 1511- nach CLAMECY.

Die Bäume an der D 977 wurden gestutzt und sehen aus wie abgewählte Politiker. Uns begleitet eine ländliche Eisenbahnlinie, die wir an einem Bahnwärterhäuschen überqueren. Die Eisenbahn bleibt uns bis CLAMECY. Die Bahnwärterin schaut uns freundlich nach. Einen Zug können wir nicht entdecken. In CORVOL-l'Orgueilleux arbeitet ein Sägewerk. Eine durchgezogene Linie erinnert daran, daß die kleine Straße nicht so ungefährlich ist. CLAMECY stellt sich vor. Es beherbergt ein Museum über den Dichter Romain Rolland. Die Fachwerkhäuser von CLAMECY werden angepriesen, nicht zu Unrecht. An der Einfahrt zu der Stadt steht rechts ein großer Getreidesilo. CLAMECY ist Partnerstadt von GELNHAUSEN, einer 9.000 Einwohnerstadt in Hessen.

Trikolore auf dem Kirchturm

Bei der Fahrt nach CLAMECY hinein Richtung centreville kommt uns ein rauchendes Moped entgegen. CLAMECY ist kein strahlender Ort. Irgendwie liegt über der Stadt viel Staub und erinnert an das Frankreich früherer Jahre. Wir stellen unser Blechle neben der Kathedrale ab. Auf dem hohen Turm der Kirche weht die Trikolore, die Dreifarbene. Man stelle sich dies mal in Deutschland vor: Schwarz-Rot-Gold auf dem Kölner Dom. Als Deutschland seine Einigung feierte, am 3. Oktober 1990, da weigerten sich die von der Kirchensteuer lebenden Kirchenleute, die Glocken läuten zu lassen. In der Innenstadt sehen wir schöne Fachwerkhäuser, die jedoch nicht so recht herauskommen.

CLAMECY hat eine alte Bausubstanz. Im Umkreis um den Marktplatz finden sich zahlreiche kleine, verwinkelte Gassen. Die Häuser zum Teil sogar mit - nicht mehr funktionierenden Ziehbrunnen wirken romantisch, könnten aber massive Finanzspritzen vertragen. Am Marktplatz entdecken wir ein Stadtauto. Es ein Teilhol 25 TD. Wir haben solche Flohhopfer öfters in den Straßen gesehen. Sie passen praktisch vor jeden Papierkorb.

Wir starten wieder in Richtung AVALLON/AUXERRE/ VÉZELAY auf die D 951. Ob die Nebel bei AVALLON auftauchen, man wird sehen. Am Stadtrand bemerken wir ein Schild mit Wohnwagen und der Aufschrift „gens du voyage", Reisende. Damit sollen aber nicht die Touristen gemeint sein, sondern Zigeuner. Für sie - und nur für sie - ist etwas außerhalb ein großer Platz reserviert.

Wir kommen an schicken Einfamilienhäusern vorbei. Am Stadtrand steht ein modernes, großes Schulgebäude. Das ist ein Lycée, ein Gymnasium. Dort finden die Klassen 11 bis 13 ihre prägende Ausbildung und irdischen Weihen. Während Schüler von Klasse 5 bis 10 in ein Collège gehen. Die D 951, auf der wir nach VÉZELAY fahren, ist wieder ein Teil der route buissonnière, der Busch-Straße, nicht Dschungelstraße. Sie wird durch einen Hasen dargestellt. Häschen gibt es aber unterwegs wenige oder gar keine. Jedenfalls sehen wir nirgends welche. Und die man sieht, sieht man „nicht". Ein Hinweis am Rand mahnt mit einem dreifachen „ralentissez" an eine langsame Fahrweise.

Das Flüßchen rechts der Straße ist die Yonne, die nach Norden strebt. Nach 2 km sind wir in DORNECY. Wir werden per Schild herzlich willkommen geheißen. In der Ortsmitte steht ein altes Waschhaus. Es ist in einen Dorftreffpunkt umgewandelt und durch eine Glaswand windgeschützt. Das Flüßchen, nicht die Yonne, sondern ein Nebenbach davon, durchfließt das Waschhaus. Ein großer Weidenbaum ergänzt das Panorama. Die D 951 nach VÉZELAY nimmt uns wieder auf. Wir gelangen in ein Tal.

Saurier und Steinzeitsex

Die D 951 kurvt durch Wald und Gestrüpp. Wir überschreiten die Grenze der Départements Nièvre und Yonne 10 km vor VÉZELAY. Jetzt erreichen wir CHAMOUX. Nach dem Ortsende in Richtung VÉZELAY liegt Cardoland. Das ist ein Freizeitpark, nicht so gewaltig wie Disneyland bei PARIS im Marnetal. Cardoland hat sich auf Saurier spezialisiert. Die traben aber nicht lustvoll herum, sondern liegen träge (in Beton gegossen) auf der Wiese oder am Hang wie die Kühe des ausgehenden

20. Jahrhunderts. Ihre verblichenen Vorbilder waren nicht nur aktiver, sondern auch größer. Daß den Betonköpfen die Zeit nicht zu lange wird, ertönen laufend Geräusche und Gejaule. Ganz modern sind die Willkommenstexte auch in deutsch abgefaßt. Eine knackig barbusige, junge Steinzeitmutti mit

Fachwerk in CLAMECY

Kind lockt. Der Steinzeitmann mit Keule ist gerade außer Höhle.

109

VÉZELAY

Nach VÉZELAY geht es zunächst 7% bergab. Links und rechts tauchen Leitplanken aus Holz auf. Die stammen erkennbar aus jüngster Zeit, sind also keine Grüße der Straßenverwaltung an die Saurier. Die Fahrt nach unten nimmt ein Ende. Am Berg oben erblicken wir vor uns den heiligen Berg Frankreichs, VÉZELAY. Der Anblick ist ein kurzes Verweilen wert. Die Berglage vermittelt dem mittelalterlichen Pilgerort ein repräsentatives Aussehen. Warum eigentlich oben immer mächtig wirkt und unten fast nur niedlich, das ist im Grunde rätselhaft. Was der Mensch nicht „überschauen" kann, vor dem hat er eben Respekt. Von unten im Tale läßt sich die Anlage VEZELAY als Gesamtansicht gut fotografieren. Wir kommen oben auf dem Marktfeld, Champ-de-Foire, an, biegen

Eine dralle Steinzeitmutti

gleich nach rechts in den Parkbereich ein. Wir betreten die Altstadt zu Fuß durch die Ancien-

110

ne Porte du Barle, das ehemalige Barle-Tor. Die Hauptstraße, die ziemlich ansteigt, wir wollen ja nach oben, ist mit kleinen Läden gespickt. Sie bieten meist Waren des täglichen Nichtbedarfs an. Kunst, Souvenirs etc. Einige sind auf heilig ausgerichtet. Man soll nicht vergessen, die Pilger des Mittelalters hatten für die von ihnen angepilgerten Orte eine ähnlich wirtschaftliche Bedeutung wie heute der vielgescholtene Tourist.

WOMO in VEZELAY

Eisenbahner auf Radpilgerfahrt

Seit rund 800 Jahren ist VÉZELAY das Ziel von Sündern aller Art und Schichten. Im 11. Jahrhundert wurden die Reliquien der Maria Magdalena aus Jerusalem nach Südfrankreich gebracht. Sie landeten in VÉZELAY. Die Stätte wurde ein Pilgerziel erster Ordnung. 1146 hielt der Heilige Bernhard von Clairvaux vor einer großen Menschenmenge eine mächtige Kriegsrede, um den zweiten Kreuzzug loszutreten. Ludwig VII.

111

war unter der Menge. Der dritte, sechste und siebente Kreuzzug startete ebenfalls in VÉZELAY. Abträglich wurden dem Kloster im 15. Jahrhundert die Hugenotten. Sie plünderten und spielten mit den Köpfen der Mönche Ball. Die Mönche waren zuvor enthauptet worden. Revolution und Blitzeinschlag taten das ihrige. Im 19. Jahrhundert wurde die Anlage restauriert. Noch heute ist VÉZELAY Etappenziel für Pilgerfahrten. Wir treffen einen dynamischen, durchtrainierten Mittsechziger Marke unverwüstlich- mit Rad, der zusammen mit einer ca 15köpfigen Gruppe vom Schwäbischen nach Spanien (Santiago de Compostela) pilgert/radelt. Der pensionierte Bundesbahner pilgert dabei im Pedal täglich seine 140 km runter. Er entpuppte sich als alter Frankreichkenner. Kein Wunder, hat er doch bereits als siebzehnjähriger Luftwaffenfeldsoldat den US-Vormarsch 1944 im Rhône-Tal merklich verzögert.

Sittsame Kleidung

Vor einer Gabelung bleiben wir stehen. Gegenüber ist eine Wirtschaft. Nach rechts geht es weiter nach oben, direkt zur Kathedrale, nach links abwärts. Wir gehen nach links. Die Gasse führt zu einer gewaltigen Torbefestigung, dem neuen Tor, porte neuve. Dieses Tor stammt aus der Zeit des 14. bis 16. Jahrhunderts. So zügig hat man damals -auch- nicht gebaut. Entlang der eindrucksvollen Stadtmauer ist heute ein nußbaumbestandener Spazierweg eingerichtet. Ein schöner Blick geht auf das Tal der Cure. Dieser Weg führt an den Wällen um die Stadt und zur Kathedrale rauf. Wir begnügen uns mit dem Blick auf die Cure, die Mauerpromenade und gehen zurück durch das Tor. Dann suchen wir uns einen Weg nach links zur Kathedrale. Wir winkeln durch die alten Gassen und Treppen. Auf den Wällen sind Gärten angelegt. Schon frühe Modelle für Konversion. Schließlich stehen wir vor dem erst 1859 vollendeten Turm der Kathedrale.
Wir betreten die Kirche durch eine Windfang und stehen in dem leeren mächtigen Vorraum der Basilika, dem Narthex. Im Vorbeigehen nehmen wir die Bitte zur Kenntnis, die auf französisch angebracht ist (die anderen Völkerschaften benötigen offenbar des Hinweises nicht), in ordentlicher Kleidung einzutreten. Tun wir. Das Schiff der romanischen Basilika ist schmucklos. Die Apsis vertritt die Gotik. Wir gehen zur Krypta hinunter. Sie ist gefühlvoll ausgeleuchtet. Der gotische Teil wirkt geradezu lichtüberflutet im Vergleich zum romanischen Hauptteil. Es sollen keine Kerzen angezündet werden. Auf der Höhe des Altars führt eine Türe zum Kreuzgang und von dort gelangen wir ins Freie. Der interessierte und informierte Besuch der

Basilika beansprucht gut eine Stunde.

Wein, (Weib) und Gesang

In den Souvenirläden vor der Kirche gibt es ansprechende Bildbände und Kunstführer in deutsch. Unser Rückweg führt an der Marktwirtschaft vorbei. Insbesondere Künstler vermuten hier ein kaufendes Publikum. In einem Fayence-Laden versuchen Amerikaner an die französische Sprache und die Verkäuferin an US-Dollars zu kommen. Zu den heiligen Stätten gehören offenbar unbedingt Weine. Von dem „Wein, Weib und Gesang" haben die Mönche nur das Weib herausgestrichen. Die Pilger hielten es ähnlich. Liest man.

Salzquellen

Wir verlassen VEZELAY in Richtung St. PERE. 200 m nach dem Champ-de-Foire geht es nach links 1,5 km zum Camping. Der Platz ist ausgeschildert. Allerdings ist er sehr klein, fast häßlich. Der nächste - und schönere - ist in St. PERE in Richtung AVALLON/ LORMES. Am Ortsrand von VEZELAY in dieser Richtung nach St. PERE befindet sich ein Sportplatz. An und um diesen Platz läßt sich eine Übernachtungsstelle finden. Einsamkeit kommt jedoch nicht auf. Dafür hat man den Blick auf die Basilika. Wir fahren auf der D 951 Richtung AVALLON. Bei der Fahrt ins Tal geht noch einmal ein Blick zurück hoch nach VÉZELAY. In St. PERE gibt es eine gotische Kirche, eine Rarität in dieser Ecke und ein archäologisches Museum. Dies ist neben der Kirche. (Eintritt Erwachsene FF 18.-, Kinder 6-12 FF 9.-, vom 15. März bis 15. Dezember von 10h30 bis 12h30 und 14h30 bis 18h30 geöffnet. Mittwochs geschlossen). Es birgt Funde (frz. fouilles) der nahen Fontaines Salées, der Salzquellen, deren Besichtigung (zu gleichen Zeiten bis 30. November) im Museumspreis eingeschlossen ist und umgekehrt. Die Ecke ist selten ohne Touristen.

Der Camping ist ausgeschildert. Er befindet sich an dem Ufer der Cure. Die Anlage macht einen guten Eindruck. Längs der Cure in der Nähe des Campingplatzes böten sich nette Übernachtungsstellen an, wenn diese Plätzchen keine Absperrketten hätten. Gegenüber dem Campingplatz ist eine Wiese mit Sportplatz.

Und für's Herz mal Goethe - endlich: "Die beste Bildung findet der gescheite Mensch auf Reisen."

Tagesfahrt 10

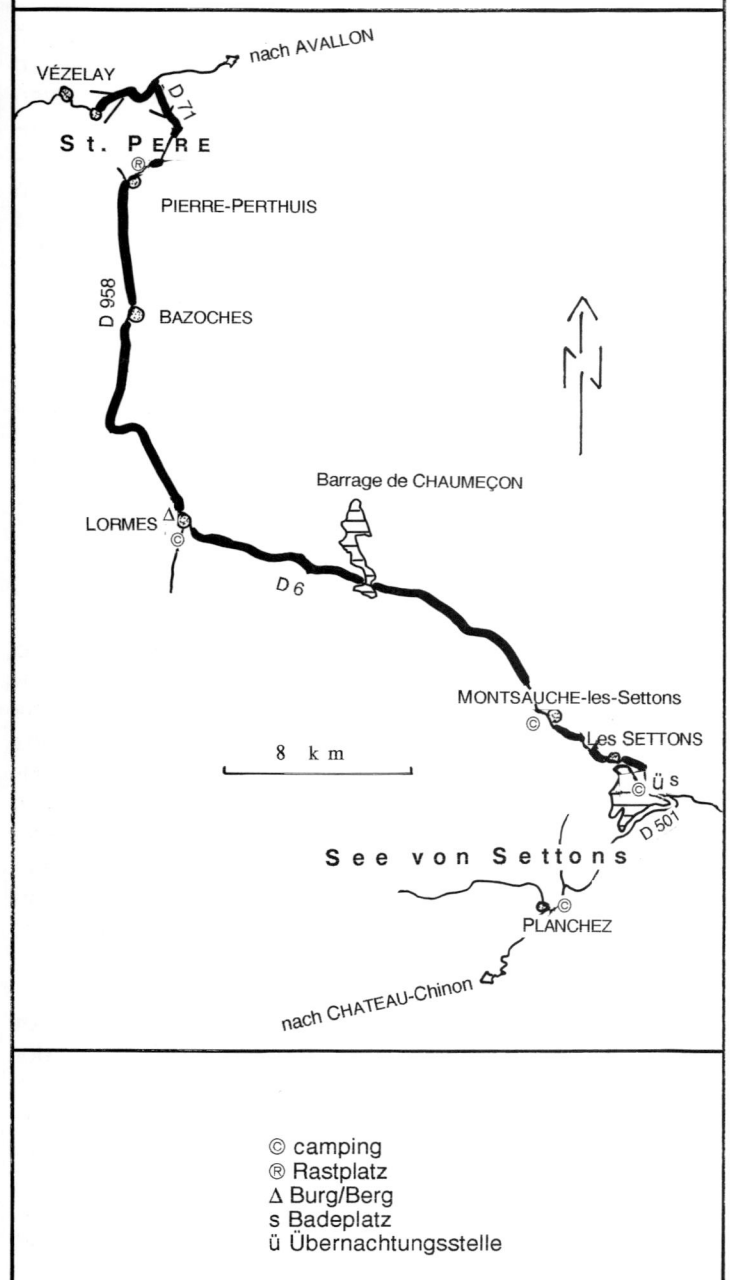

VÉZELAY

nach AVALLON

D 71

St. PÈRE

® PIERRE-PERTHUIS

D 958

BAZOCHES

Barrage de CHAUMEÇON

LORMES △
©

D 6

MONTSAUCHE-les-Settons
©
Les SETTONS
© ü s
D 501

8 k m

S e e v o n S e t t o n s

©
PLANCHEZ

nach CHATEAU-Chinon

© camping
® Rastplatz
△ Burg/Berg
s Badeplatz
ü Übernachtungsstelle

VEZELAY/St.-PERE -See von SETTONS

Strecke: VÉZELAY St.-PERE *
BAZOCHES * LORMES * Lac des
SETTONS
Entfernung: 80 km
Besichtigen: Roche
percée, PIERRE-PERTHUIS 1h
Wanderung: Rund-
wanderung um den See von
Settons (14km/4h)
Übernachten: Camping u.
(Ü) am Lac des Settons
Lebensmittel/Tanken: LORMES/MONTSAUCHE

Brücke in der Brücke

Wir entschwinden der Sicht auf die Basilika von VÉZELAY in Richtung AVALLON auf der D 957. Aus Lust und Laune fahren wir quasi im Viereck und nicht direkt Richtung LORMES. Das hat seinen Grund, da wir einige kleine und kleinste Weiler so im Durchgondeln sehen wollen. Wir passieren das Dorf FONTETTE mit seinem kleinen Kapellchen. Einige Winzer von FONTETTE versuchen historisch berühmte Weinberge zu rekultivieren. Die ersten Weinernten seien erfolgsversprechend, so die Ansicht eines Winzers. Die Straße wird wellig. Knapp 1 km nach FONTETTE nach rechts Richtung PIERRE-Perthuis auf die D 71. Wir durchfahren das blumengeschmückte THA-ROISEAU. Von hier aus hat man einen schönen Blick auf den Berg von VÉZELAY. Wir kommen durch MENADES, ein klei-nes Dorf. Die D 53 nach rechts Richtung PIERRE-Perthuis.

Ein breiter, alternativ duftender Kuhfladen liegt auf der Straße. Ein Engländer kommt entgegen. Die Dorfmitte schmückt ein gotisches Kirchlein. Nach dem Ort PRÉCY-le-Moult geht es nach rechts zum durchbrochenen Felsen, roche percée. Ein Feldweg führt zu einer Wiese, auf der man auch ein Picknick abhalten kann. Schön ist die Aussicht auf das Tal und das schräg gegenüber liegende PIERRE-Perthuis auf seiner Fels-nadel. Am Hang hält sich der durchbrochene Felsen. Zu nahe soll man nicht gehen, da der Abhang nicht ungefährlich ist. Unten fließt die Cure durch eine Schlucht. Dieser Flußenge

115

verdankt PIERRE-Perthuis seinen Namen: „Der Felsen an der Schlucht oder Flußenge". Le pertuis heißt „Flußenge" oder „Meerenge".

Zurück auf die Straße, rechts nach PIERRE-Perthuis. Die schon vorher wahrgenommene Bogenbrücke bringt uns zum Bergdorf. Knapp 80 Einwohner zählt der Weiler. In seinen Mauern verbirgt sich der Rest einer Burg aus dem 12. Jahrhun-

Die Brückenzwillinge von PIERRE-Perthuis

dert. Nach der kurzen Durchfahrt biegen wir nach links ab. Der Fahrweg ist eng und endet unten an der Cure. Da ist ein Plätzchen zum Ausklang der Tanzstunde. Hoch oben auf dem Felsen ragt das Dorf. Vom Dorf überspannt die Bogenbrücke in 33 m Höhe das enge Tal. Unterhalb der Bogenbrücke überwölbt eine kleine Steinbrücke die im Zickzack fließende Cure, deren Ufer bewaldet sind. Diese kleine Brücke, ist nur für Fußgänger frei. Sie wurde im 18. Jahrhundert von Vauban erbaut, - glaubt man.

Das adlige Ritterfräulein mag hier unten im wilden Tann, vielleicht so um 1089, den Fehler ihres Lebens mit dem geächteten Räuberhauptmann begangen haben, um beide, Hauptmann und Fehler, niemals mehr zu bereuen, geschweige denn je zu vergessen. Zumal sie zum legalen Ehegesponst („o" nicht „e") nur den armen Lateinlehrer mit Grammatik-Diplom des Priesterseminars der Pilgerstadt bekam. Ihre süße und kecke Enkelin beneidete sie unendlich. Nächtelang ließ sie das Fenster der Kemenate offen. Doch vergeblich. Der Großneffe des Hauptmanns -ihr Vetter 2. Grades?- tobte sein wildes Blut im fernen Palästina aus und kehrte von dort niemals wieder an die Cure zurück.

Die Ecke lädt natürlich zu einem Spaziergang ein. Unweit der Brücke versucht ein Angler sein Glück. Wir erklimmen wieder die Höhe über der Cure. Richtung BAZOCHES/LORMES auf der D 958. Wir verlassen das Département Yonne. Am Waldesrand links rückt ein herrliches Schloß ins Bild. Die Straße führt längs der Westgrenze des Naturparks des Morvan in die Stadt BAZOCHES.

Der geniale Festungsbauer des Königs

Hier in der Kirche liegt Vauban begraben. Sein Herz ließ Napoleon I. in den Pariser Invalidendom bringen. In BAZOCHES gibt es ein Schloß dieses Chefbaumeisters. Doch man kann es nicht besichtigen. Es können sich wenige Baumeister rühmen, über weite Landstriche Riesenklötze hingesetzt zu haben. Auch noch solche, die sofort untrüglich die Handschrift

Holzlaster im Morvan

des Meisters verraten. Wer war dieser Mann? Er wurde 1633 als Sébastien Le Prestre in St.-LÉGER-de-Foucheret geboren. Später nannte es der König Ludwig XIV. in St.-LÉGER-Vauban um. Diesen Namen trägt es noch heute. Es liegt im nördlichen Morvan bei QUARRÉ-les-Tombes.

Der Junge wurde Waise und war ohne jedes Vermögen. Mit 17 meldete er sich als Soldat beim Fürsten von Condé. Vauban wurde von Soldaten des Königs gefangengenommen, die den Fürsten bekämpften. Jetzt im Dienste des Königs Ludwig XIV. brachte er es mit 22 Jahren zum Militär-Ingenieur. Ludwig XIV. verpulverte die ganzen Staatseinnahmen mit dem Bau Versailles, mit Kriegen gegen ganz Europa, mit Frauen und mit

117

dem Bau von Festungen. Für die Festungen wurde Vauban ideenreicher Star-Architekt und Baumeister. Er entwarf die sternenförmigen Festungswälle, die den Feuerwaffen, vor allem den Kanonen des 17./18. Jahrhunderts widerstanden. 300 befestigte Plätze wurden modernisiert und 33 neu gebaut. Die bekannteste Festung ist Straßburg. Diese Freie Reichsstadt des Deutschen Reiches kassierte Ludwig XIV. 1681 ohne jeden Rechtsgrund. Anschließend zog Vauban die Festungsmauern hoch. So mauerte Vauban Frankreich ein an der spanischen Grenze und im Elsaß. Hier ein Vorläufer des französischen Kriegsministers Maginot, dessen Bunkerklötze der 30er Jahre auch noch im Elsaß rumstehen. Sébastien Le Prestre stieg auf zum Marschall und Markgraf von Vauban. Er vergaß jedoch nie, woher er kam. Er schlug dem König eine Steuer vor, die für die Unterstützung der Armen verwendet werden sollte. Die Reaktion des Königs war die Ungnade für Vauban. Der Festungsbauer starb 1707 im Alter von 74 Jahren.

Der weite Ausblick der Gerechtigkeit

Weiter auf der D 958 Richtung CORBIGNY/LORMES. Nach 5 km zweigt nach links in Richtung LORMES die D 42 ab, die wir jetzt einschlagen. Ein Holzlaster läßt uns halten und dann in Geduld vorbeifahren. Holz hat Vorfahrt und viel Holz hat viel Vorfahrt, hier wie anderswo. 2 km vor LORMES ist rechts im Wald ein kleiner Picknickplatz. 200 m weiter geht nach rechts ein kleiner asphaltierter Weg, dann nach 100 m scharf rechts führt dieser Weg zur Gerechtigkeit, la justice. Das ist beileibe nicht das ersehnte Ziel aller Geschlagenen, Verfolgten und das wirtschaftliche Ende der Anwälte, Richter und Pfarrer, sondern eine einfache Freifläche mit einer weiten Rundumsicht. In der Mitte ist eine Orientierungstafel aufgestellt. Der Ort - 480 m über Meer - könnte vielleicht den alten Kelten als Treffpunkt und Versammlungsplatz gedient haben. Bei der Rückfahrt auf die D 42 sehen wir rechts auf LORMES und seine moderne Kirche, die im romanischen Stil gebaut ist. Die Kleinstadt" mit 1.700 Einwohnern hat nette Häuser mit den für die Gegend typischen Balkonen. Die Häuser sind aus dem Granit der Umgebung gebaut. Die Gärten werden häufig von einer Mauer umzogen. In LORMES wird es ziemlich eng. Vor uns wackelt ein 2 CV. In den Gassen fallen die Steintreppen auf. Der Auxois fließt durch und bringt sein Wasser zum See du Goulot (Richtung VAUCLAIX). Der ist 10 Hektar groß. Dort liegt ein Campingplatz. Im Ort sind alle Einkaufsmöglichkeiten vorhanden (25 Einzelhändler, Bank). Zunächst fahren wir toutes directions. Dann weiter auf der D 6 in Richtung BRASSY/

Gemütlichkeit unterwegs

MONTSAUCHE-les-Settons. Nach 11 km rechts auf die D
235 nach MONTSAUCHE-les-Settons.
Zwei Jogger laufen uns entgegen. Einer links, eine rechts
der Straße und kämpfen sich die Straße hinauf. In den meisten
Bauernhäusern wird mit Holz geheizt. Vor den Häusern sind
große Holzstapel aufgebaut. Ein Hase läuft an der Straße.
Wegweiser am Rande zeigen auf Gehöfte in den Bergen.

Angelegte Felder weisen auf Ackerbau hin, obwohl es hier 400 m bis 500 m hochliegt. In den Bauernhöfen sind häufig Ferienwohnungen ausgebaut. Ein Mopedfahrer würgt mit Angelausrüstung über die Straße. Die D 235 überquert den See von Chaumeçon. Dieses Gewässer ist ein Eldorado für den Kajaksport.

Das unheilvolle Reich der Wölfe

Der Morvan war bis um 1900 eine Gebiet der Wölfe. Das hat zwei Gründe. Zum einen gab es Wölfe, zum anderen wurde viel von ihnen erzählt. Unter den Bewohnern des Morvan soll es unerkannt Menschen gegeben haben, die sich in Wölfe verwandeln konnten. Sie galten als Diener Satans. Kugeln taten ihnen nichts. Nachts sammelten sie in der Tiefe des Waldes die Wölfe der Umgebung. Sie sprachen mit ihnen in ihrer Sprache und führten sie zur Schafherde eines Bauern, der ihr Feind war. Zerrissene Tiere zeugten von ihrem nächtlichen Besuch. Sie und die Wölfe verschwanden selbst bei Schnee spurenlos und unauffindbar für die verfolgende Hundemeute. Haben Sie Ihren Nachbarn daraufhin angesehen? Nicht? Dann tun Sie's mal. Das (Wolfs-)Flackern in der linken Augenhälfte, schon bemerkt?

Das tödliche Risiko der Résistance

Wir nähern uns MONTSAUCHE-les-Settons. Es ist mit 650 m der höchstgelegene Ort im Morvan. Nur 750 Menschen wohnen ständig hier. Der Campingplatz befindet sich 1 km vor dem Ort rechts. Eine moderne Reihenhaussiedlung -vermutlich eine Ferienhaussiedlung- vermittelt uns einen ersten Eindruck des Ortes. In der Mitte des Ortes halten wir an dem Platz der Toten, place des morts. Dieser Platz soll an den 25. Juni 1944 erinnern. Nach der alliierten Landung in der Normandie griffen Résistance-Gruppen im Morvan die durchziehenden Verbände der Wehrmacht an. Als Vergeltung für diese Partisanenaktionen wurden MONTSAUCHE-les-Settons und PLANCHEZ am 25. Juni 1944 von Gestapo und französischer Miliz niedergebrannt. Der eintönige Wiederaufbau, grau in grau, ist ein unfreiwilliges Zeugnis für die Gleichgültigkeit der Pariser Regierung gegenüber den Bewohnern. Die Mahntafel informiert, daß der Ort ein Zentrum der Résistance war, die so Leben, Hab und Gut ihrer Landsleute ziemlich sinnlos riskierte.
Der gestaute See der Camper,
nächste Seite, keine Werbung dazwischen.
Zunächst auf die D 37 zum See/lac des SETTONS. Uns

kommen regengestählte Wanderer entgegen. Bei dem See von SETTONS gibt es zwei Ufer: das linke Ufer/rive gauche und das rechte Ufer/rive droite. Das Ostufer - von uns aus links

Am See von Settons

- ist das rechte Ufer und das Westufer - von uns aus rechts das linke. Wir nehmen den Weg - die D 193 - nach links zum rechten Ufer/rive droite. Der See von SETTONS ist der berühmte See des Morvan. Er entstand bis 1858. Mitten im Wald sehen wir eine Reklametafel für ein Hotel am Seeufer, Umwelt, Umwelt. Am See gibt es 6 Campingplätze. Wir fahren durch les SETTONS, dem Namensgeber des Sees. Manche sehen im Dialektwort „seton" die Bedeutung „sumpfig", die eine Beziehung

121

zum Seenamen herstellt. Da Wissenschaftler meist mehr meinen als wissen, meinen andere in dem Dialektwort „cheutoni' = schwächlich (für die schwächliche Vegetation) eine Namensquelle gefunden zu haben. Um den See führt ein Fußweg, den man mit den Bergbikes, den vtt, teilen muß. Es gibt Radfahrer, dann gibt es noch Bergbikefahrer. Kommt der See in Augenschein, führt eine Abzweigung nach rechts auf die Staumauer, der der See seine Existenz verdankt. Dabei kann man sich ungemein beliebt machen. Den Weg über die Staumauer muß der Wanderer und Spaziergänger mit dem Auto teilen. Und da es sich um den See sehr schön wandern läßt, herrscht reger Fußgängerverkehr. (Für Wanderer: Von der Staumauer am Westufer entlang. Wegmarkierung gelb rot. 1 km nach La CORNE-au-Cerf nach links. Jetzt weißblaue Markierung). Wir aber lassen das Fahrzeug am nächsten Parkplatz stehen, der sich nach 100 m einstellt. So bleibt unser Gewissen sauber. Die Staumauer bietet einen Blick auf den

Durch diese grüne Gasse laßt uns fahren

See wie die Stirnseite auf einen Tisch. Die weiterführende Straße D 520 geht zunächst weg vom See. Man kann dann über eine Abzweigung wieder an den See oder in dessen Nähe kommen. Besser läuft es am Ostufer auf der D 193. Das ist allerdings nicht nur uns bekannt. Wir fahren auf der D 193 meist in Sichtweite des Sees weiter. Für knapp 1 km entgleitet er unserem Blick. Bei der ersten Gelegenheit biegen wir nach rechts in eine kleine Straße seewärts ein.

oben mit und ohne

Das ist die Base de BRANLASSE am Ostufer/ rive droite. Wenig Parkmöglichkeiten, Camping Plage du Midi, teilweise überwachter Strand, Restaurant, Umkleidekabinen, Kinderspielplatz, Polizeistation. Hinckelsteine verhindern den Zugang von Fahrzeugen an das Ufer. Zwei Inseln sind im See zu sehen: die kleine und die große Insel, la petite et la grande île. Weiter auf der D 193 und in die nächste Straße nach der Base de BRANLASSE, die zum See nach rechts runterführt, die D 501, Ausschilderung «camping cabane verte». Hier ist ein locker bewaldetes Ufergelände, wo ein freies Campen und zuweilen oben ohne praktiziert wird. Da befindet sich auch der Campingplatz «Cabane verte» (vorgelagert ein Streifen mit freien Campern). Im Sommer sind die Campingplätze sehr belegt. Wer auf Nummer sicher gehen will, sollte sich vorher anmelden. Weitere Plätze sind La Plage des Settons und Les Mésanges (eigener Zugang zum See). Alle Anschriften über F 58230 MONTSAUCHE-les-Settons. Sämtliche Plätze sind im Seebereich ausgeschildert.

Staumauer am See von Settons

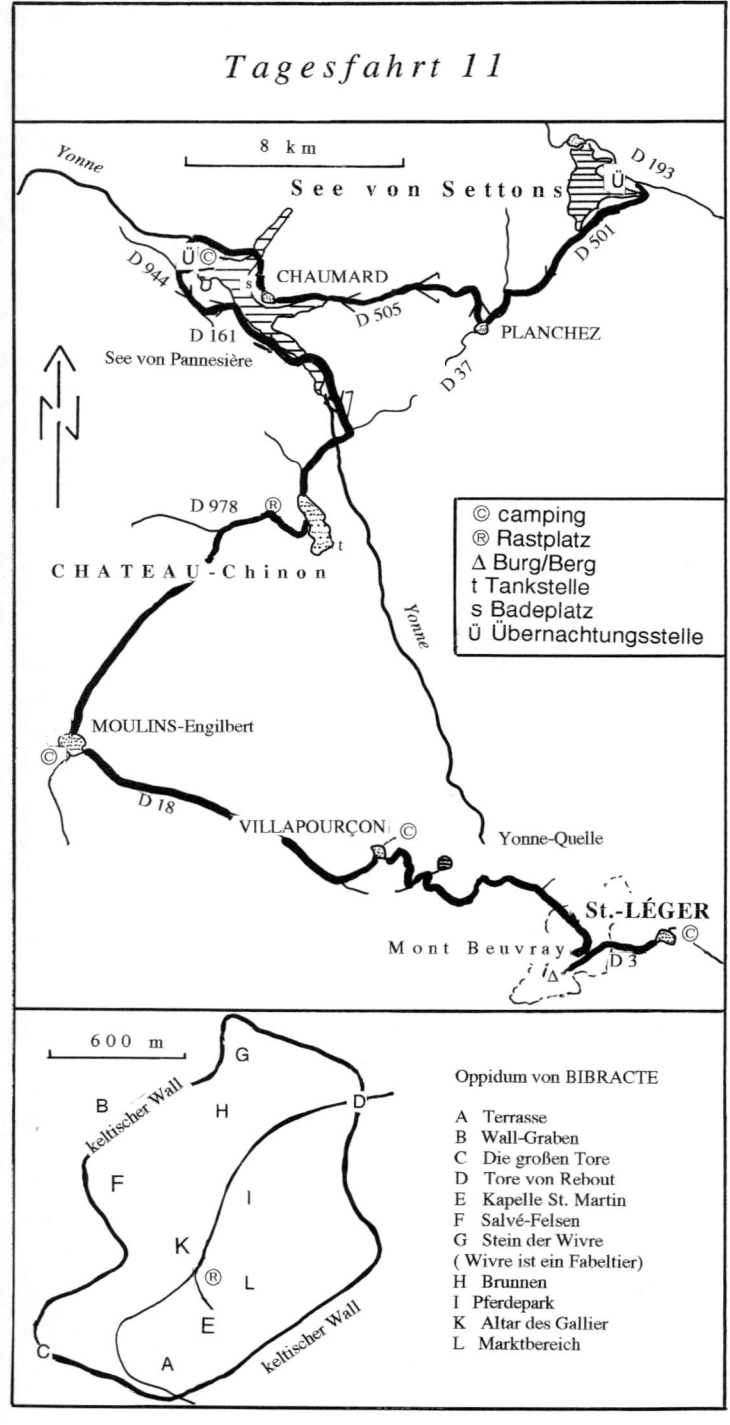

Tagesfahrt 11

8 km

Yonne

See von Settons

D 193

Ü

D 501

Ü Ⓒ

CHAUMARD

D 944

Ü

s

D 505

D 161

PLANCHEZ

See von Pannesière

D 37

N

D 978

Ⓡ

t

CHATEAU-Chinon

Yonne

Ⓒ camping
Ⓡ Rastplatz
Δ Burg/Berg
t Tankstelle
s Badeplatz
Ü Übernachtungsstelle

MOULINS-Engilbert

Ⓒ

D 18

VILLAPOURÇON

Ⓒ

Yonne-Quelle

St.-LÉGER

Ⓒ

Mont Beuvray

i Δ

D 3

600 m

G

B

keltischer Wall

H

D

F

I

K

Ⓡ

L

E

A

keltischer Wall

C

Oppidum von BIBRACTE

A Terrasse
B Wall-Graben
C Die großen Tore
D Tore von Rebout
E Kapelle St. Martin
F Salvé-Felsen
G Stein der Wivre
(Wivre ist ein Fabeltier)
H Brunnen
I Pferdepark
K Altar des Gallier
L Marktbereich

124

SETTONS - St.-LÉGER-s/s-Beuvray

Strecke: Lac des Settons * PLANCHEZ *
CHATEAU-CHINON * MOULINS-Engilbert *
St.-LEGER

Entfernung: 90 km

Besichtigen: Lac de Pannesière, CHATEAU-
Chinon (2h), Le Mont Beuvray (l h)

Wanderung: CHATEAU-Chinon (45 min),
VILLAPOURÇON - Barrage de Rangère (2h)

Übernachten: Camping St.-LEGER-sous-
Beuvray, (Ü) auf dem Mont Beuvray

Lebensmittel/
Tanken: CHATEAU-CHINON, Rtg
                              AUTUN

Rund um den Stausee Pannecière

Nach PLANCHEZ. Die weitere Umgebung des Sees ist
meist bewaldet. Laufend liegen gefällte Baumstämme zum
Abtransport aufgeschichtet herum. Ein herrlicher Morgen. In
dem kleinen Ort herrscht Ruhe. Einige Bauhandwerker arbeiten, bauen einen kleinen Laden aus. Die Straßen sind fast wie
ausgestorben.

In der Ortsmitte nach rechts auf die D 505 in Richtung lac
et barrage de Pannesière, See und Staudamm von Pannesière.
Diese Straße führt in vielen Kurven durch den Wald. Im
Unterschied zum Süden, dem Midi Frankreichs, sieht man hier
keine Spuren von Brandrodungen oder Waldbränden.
Unterwegs präsentiert sich ein alter Wohnwagen mitten in der
Landschaft. Ein liebliches aber sumpfiges Waldtal mit Bach
begleitet die Straße. Wir erreichen den See von Pannesière
und fahren am rechten, östlichen Ufer auf der D 303 entlang.
Die zum See gestaute Yonne öffnet die enge Waldlandschaft.
Der große Tourismus wie in Settons fehlt hier. Links unten geht
ein Feldweg mitten in den See hinein. Der Rest ist überflutet.
Während der Rundfahrt bleibt uns der Blick auf den See fast

ständig erhalten. Die schmucken, kleinen Häuschen sind meist Zweitwohnsitze. An der Ortsausfahrt von CHAUMARD kann man links im spitzen Winkel zum Seeufer kommen, links oder rechts am Friedhof vorbei zum See. Dort ist Platz zum freien Campen. Ein Schild „canotage dangereux," Bootsfahren gefährlich, mahnt zum Aufpassen. Zwischen der Straße und dem See lassen sich immer wieder Stellplätzchen entdecken. Wir überqueren, kurz vor BLAISY, nach links eine Brücke. Unmittelbar nach der Brücke rechts ist ein Plätzchen zum Pause machen und vielleicht auch zum Übernachten. Die Wendemöglichkeiten sind begrenzt. Man muß ja nicht dauernd wenden. Nach der Brücke steht links seitlich mitten in einem Wiesenstück ein Wohnwagen ohne Räder. Geschmackvoll. Zur Stärkung des Leibes und der heimischen Wirtschaft gibt es rings um den See Restaurants und nicht die billigeren. Einen breiten Strand hat der See nur an wenigen Stellen. Meist herrscht Geröll vor.

Wir sind an der Staumauer. Sie wirkt imposant und ist aus nebeneinandergelegten Halbkugeln zusammengesetzt. Deren Öffnungen richten sich zur seeabgewandten Seite. Darüber führt ein Fahrweg. Bei einer anderen Rundfahrt lag der See im Nebel. Ein See im Nebel, in fahlem Licht, das ist ein Gefühl. 400 m nach der Mauer, 100 m vor der Einfahrt in die D 944 steht rechts eine Telefonzelle und im spitzen Winkel geht es nach links nach BONIN, am Campingplatz vorbei zum See. Eine andere Möglichkeit: wenn man am Ortsrand nicht nach links zum Campingplatz, sondern nach rechts fährt. Dieser Weg - für Gespanne nicht geeignet - führt kilometerlang in der Nähe des Ufers mit zahlreichen Verlockungen zum freien Campen. Dieser Weg bietet sich auch als Spaziergang an.

Zurück auf die D 944 nach links. Nach knapp 2 km links Richtung CHAUMARD auf die D 161. Die Straße geht entlang des Sees. Nach der Brücke auf die D 12, nach rechts in Richtung CHATEAU-Chinon. Rechts die Yonne. Dann auf die D 37. Wir erreichen die Hauptstadt des Morvan, CHATEAU-Chinon.

Bürgermeister und Präsident

Die Stadt liegt auf einem Bergrücken 609 m über dem Meer und hat 3.000 Einwohner. Die Lage ist bereits den Kelten ins Auge gestochen. Sie errichteten auf dem Hügel, dem Kalvarienberg (le calvaire), eine Fluchtburg. Die Römer übernahmen die Liegenschaft und bauten sie zu einem befestigten Lager gemäß der römischen Heeresdienstvorschrift HDV C/VII Ziffer X um. Das Mittelalter setzte eine Ritterburg drauf und

126

gab der Stadt den heutigen Namen.

François Mitterand wurde 1959 durch Wahl des Gemeinderats Bürgermeister. Das blieb er bis 1981. Von 1946 bis 1981 war er Abgeordneter des Département Nièvre in der Französischen Nationalversammlung. 1981 gewann er gegen Valérie Giscard d'Estaing die Wahl um das Präsidentenamt. Davon profitiert die Stadt noch heute. Sichtbares Zeichen dafür ist das musée du Septennat, das Museum seiner Regierungszeit. Darin sind Geschenke der Staatsbesucher an den Staatspräsidenten ausgestellt. Wir wenden uns der Stadtmitte zu. Von der Stadtmitte geht es nach links zum Museum. Es ist mit musée/table d'orientation ausgeschildert. Eine deutsche Partnerstadt hat die Mitterand-Bleibe nicht.

Kaffeeservice und Kriegsschiffe

Das Musée verlangt von Erwachsenen FF 16, Kinder/ Studenten FF 8 Eintritt. Deutsche Studentenausweise werden anerkannt. Ein Porzellanservice mit 5 Tassen etc war das

Attisches Kriegsschiff (Zweiruderer), Geschenk des griech. Ministerpräsidenten

Mitbringsel von von Weizsäcker für seinen Kollegen Mitterand. Bildergalerie mit allen Größen der Welt, Geschenke von den großen Städten der Welt, ausgestopfte Tiere wie Löwen, Affen, und Silbermünzen sind so die Geschenke. Eine in Dankbarkeit gewidmete Plakette der französischen Fußballnationalmannschaft, die 1984 Europameister geworden ist. Eine Kopie der Draisine, deren Original sich in Karlsruhe befindet, ein Geschenk der Stadt Karlsruhe mit Widmungsschreiben in französisch. Der Erfinder Baron Karl-Friedrich Drais, ist in Karlsruhe 1785 geboren und 1851 gestorben. Wir entdecken das Modell einer Triere, Geschenk von Papandreo, dem einstigen, griechischen Ministerpräsidenten. Der griechische Alt-Lover hat bekanntlich seine 30 Jahre jüngere, üppige

Geliebte geheiratet. Ein französisches Kriegsschiff aus dem 18. Jh. in Kleinausgabe, ein Geschenk der Seychellen, Lanzensammlung aus Burundi, Bilder von oben umfangreichen Afrika-Damen, Trommeln, ein Speer-Set, das sind die Aufmerksamkeiten aus dem Indischen Ozean und Afrika. Auch anonyme Schenker haben den Präsidenten bedacht.

Der Besuch nimmt eine Stunde in Anspruch. Das Museum wurde in einem ehemaligen Kloster untergebracht. Es bleibt die Frage, wem diese Staatsgeschenke gehören, dem Präsident oder dem Staat. In der Bundesrepublik hat ein Enkel des verstorbenen Bundespräsidenten Lübke 1992 auf die Herausgabe der Geschenke geklagt. Die Frau des Präsidenten, Wilhelmine Lübke hatte diese der Gemeindeverwaltung des Geburtsortes von Lübke ohne schriftliche Abmachung übergeben. Gegenüber dem Museum werden Grabsteine aus Marmor hergestellt.

Hannah und die Strapazen, zu Fuß zu gehen

Die Straße am Museum führt weiter aus dem Ort hinaus und mausert sich zu einem landschaftlich wundervollen Spazierweg. Man kann am Wegrand auf der Wiese parken. Die Aussicht von diesem Weg auf die Berge des Morvan ist herrlich. Als ich vor einigen Jahren mit den Kindern diese Ecke bereiste, begutachtete Tochter Hannah, damals acht Jahre jung, Weg und Berge. Zu Hause gebe es auch Aussichten, Hügel und Täler, befand die junge Dame. Sprach's und beendete den eben erst begonnenen Spaziergang mit der Vehemenz einer unverbrauchten, natürlichen Durchsetzungsfreude.

Clausewitz und die alternative, freie Erziehung

Moderne Erziehungsratschläge meist unbekinderter Zeitgeistler verlang(t)en, solche Auftritte freudig zu begrüßen. Der jugendliche Freiraum vergrößert sich wie das Universum von selbst. Das sei ausnahmsweise nachfrage- und kritiklos-nicht zu behindern. Pädagogische Strategen drücken die empfohlene Reaktion so aus: ausweichen in die Tiefe des Raumes. Damit wurde Napoleon in Rußland 1812/13 ausmanövriert. Alles nur eine Frage des Raumes, in den der Freiraum sich ausdehnt. Die Fortsetzung der achtjährigen Selbstverwirklichung erfolgte Tage drauf am Frühstückstisch. Das realsoziale Problem des aufsteigenden Tages stellte sich. Wer spült ab? Nach der einvernehmlichen Kleingruppenregel war Mittelklein-Hannah dran. Nach ihrer messerklaren Analyse war aber die Zahl der Spülobjekte größer als sonst (eine Annahme,

die einer wissen-

Holzlager im Morvan

schaftlichen Untersuchung nur unvollkommen standgehalten

hätte. Um den Auftritt standesgemäß zu gestalten, flog die von junger Damenhand spontan bewegte Tischbedeckung auf den Boden. Die erfahrenen Campingmütter der Nachbarschaft schauten jetzt aufmerksam gespannt auf die Szene. Der Vater mit zwei Kindern allein, was wird geschehen? Zunächst ausweichen in die Tiefe des Raumes. Die Zeitgeistler hätten ihre Freude dran. Tatfolge: der Papa spült. Aber jetzt könnten die Alternativies und egomanen Basisgruppenmenschen Verzweiflungsanfälle bekommen. Denn wo ist der Angreifer am empfindlichsten? In der offenen Flanke. Die Flanke heißt Fernsehen. Und wer Fernsehen den Kindern erlaubt, kann es auch verbieten. Also Fernsehverbot. Ergebnis? Nach Stunden kommt es zu Verhandlungsangeboten. Tochter spült -freiwillig(!)- zusätzlich eine Runde und darf wieder in den Portablen schauen.

Man kann auf dem Spazierweg um den Berg herumlaufen, kommt dabei durch ein prächtiges Waldstück und kehrt wieder nach CHATEAU-Chinon zurück. Die Promenade dauert gemütlich 3/4 Stunde. Im Zentrum wird gerade ein Volksfest mit Schießstand, Boxautos etc vorbereitet. Am Marktplatz gibt es ein Geschäft, das Camping-Gas verkauft. Es befindet Sich 10 m von der Pharmacie entfernt, die am Ende des Marktplatzes auf der gleichen Straßenseite deutlicher zu sehen ist.

Alles dreht sich um's Rindvieh, wie auch sonst

Richtung NEVERS auf der D 978. Picknickplatz 2 km nach CHATEAU-Chinon. Dieser ist jedoch nicht sonderlich einladend. Zur Rast genügt er. Nach 5 km links in die D 37 nach MOULINS-Engilbert. Die Straße ist von einem roten Schotterasphalt bedeckt. Der Straßengraben hat neben sich esnen aufgeschütteten Wall. Darauf ist eine Hecke gepflanzt oder ein Zaun aufgestellt. Ein Schild risque de verglas deutet an, daß der Winter in dieser Ecke ernstgenommen wird. Bei kühler wolkenverhangener Wetterlage kann CHATEAU-Chinon im Nebel verschwinden. Die Massierung der Ferienhäuser läßt nach. Am Ortsrand von MOULINS-Engilbert -aus Richtung CHATEAU-Chinon- liegt rechts ein Camping an einem gestauten Bach. Daneben schließt sich ein Tennisplatz an. Auf dem Parkplatz läßt sich eine Nacht zubringen. Der 1.700 Einwohner zählende Ort macht einen hübschen Eindruck. Nur 2 km von der Ortsmitte entfernt ist der künstliche See von Escame, Plan d'Eau de l'Escame, mit Campingplatz und Übernachtungsstellen. Am ersten Dienstag eines jeden Monats findet hier ein großer Rindviehmarkt statt. Während es in früheren Jahren bei den Versteigerungen recht urig zuging, wickelt sich das heute mit viel Technik ab. Alles dreht sich die Charollais-Kuh. Sie hat ein weißes Fell und steht meist auf der Weide. Der Ort lebt auch von der Holzverarbeitung. Weiter auf der D 18 Richtung Mont Beuvray/St.-LÉGER, Abzweigung kurz vor der Ortsmitte nach links.

Teure Schlösser

In der Nähe der Straße tauchen immer wieder Gehöfte auf. Gestützte Weidenbäume längs der Straße vermitteln ein etwas melancholisches Bild, zumal es heute regnet. Rechts der Straße fließt die Dragne, die ihre Wasser in den Canal du Nivernais 15 km Südöstlich von MOULINS-Engilbert leitet. Ein paar Angler versuchen ihr Glück. Angeln ist dem Franzosen, was anderen Joga ist. Links steht das Château LEVAULT, mehr ein Herrenhaus als ein Schloß. Solche Gebäude sehen von außen sehr repräsentativ aus. Im Innern weniger. Da könnten größere Summen einiges ausrichten, aber oft sind diese Schlosser im Besitz normaler Leute, die sie eigentlich eher aus Traditionsbewußtsein als aus Bedürfnis nach Luxus in der Familie halten wollen. Sie müssen für die Schlösser Steuern bezahlen. Geld vom Denkmalschutz gibt es nicht. Ein schneller Peugeot mit Pariser Nummer macht auf Eile. Der Verkehr ist dünn. Die Wiesen im Tal der Dragne sind naß und sumpfig. Ein Schulbus kommt uns entgegen. Weiter nach AUTUN/VILLAPOURÇON.

Bourgeois und Verbrecher

Ein Wegweiser zeigt nach links wenige Kilometer zu dem Weiler FRAGNY. Dieser Ort ist mit einem Verbrechen verbunden, das anfangs des 19. Jahrhunderts Furore machte. Napo~ leon war bei Waterloo 1815 von den Preußen und Engländern geschlagen. Er wurde Rentner auf St.-Helena. Die vielen Sieger besetzten Frankreich. Dabei marschierten die Württemberger durch den Morvan. Sie verwüsteten das ohnehin schon arme Land. Wahrscheinlich wollten sie sich für die zahlreichen, französischen Raubzüge in den Südwesten des Reiches im 17. und 18. Jahrhundert erkenntlich zeigen. Die Folge war Hungersnot und Chaos.
Am 15. März 1817 drangen 8 Übeltäter in die Mühle von FRAGNY ein. Der Müller wachte auf und traf auf die Einbrecher. Die erschlugen ihn, ebenso seine Frau. Der Sohn wurde schwer verletzt. Nur des Müllers Magd konnte entkommen. Sie kannte einen der Mörder. Die Polizei verhaftete ihn. Der verriet

dann seine Spießgesellen, und darunter war ein Mann, der in der Öffentlichkeit als ehrbarer Bürger galt. Er zahlte mehr als 300 Francs Steuern im Jahr, war somit wahlberechtigt und gehörte dem besitzenden Bürgertum an. Der Prozeß war die Sensation im Morvan. Am 21. Juni 1817 kam die Mordbande unters Fallbeil in CHATEAU-Chinon. Fast 4.000 Interessierte schauten zu - reality pur.

Das Dorf der Schweine

Wir machen einen Abstecher nach VILLAPOURÇON. VILLAPOURÇON, le village des porcs, das Dorf der Schweine, so deuten Sprachforscher den Ortsnamen. Tatsächlich lebte das Dorf schon in keltischer Zeit von Schweinezucht. Im 13. Jahrhundert tummelten sich im Morvan viele Wild- und Hausschweine. Die Hirtenjungen machten sich einen Spaß daraus, auf dem Rücken einer kräftigen Muttersau oder eines Ebers übers Feld zu reiten. Sie hielten sich an den Schweineohren fest und schrieen dabei aus Leibeskräften. Die preußische, leichte Kavallerie ritt nicht schöner gegen die Höhen von SEDAN.

Die grunzenden Tiere waren und sind eine wirtschaftliche Grundlage des Morvan. In VILLAPOURÇON stellen wir dasFahrzeug auf dem Dorfplatz ab. Im Café/Bar nehmen wir eine Stärkung zu uns. Eine kleine grauhaarige charmante Dame steht hinter der Theke, dem zinc. Wir warten geduldig, bis das eine oder andere Gespräch mit einem Stammgast unterbrochen wird, um uns nach unseren Wünschen zu fragen. Der Marktplatz wird gerade als Start für ein regionales Radrennen hergerichtet. Von dem Ortsplatz führt eine Rundwanderung von 11 km zur Barrage de Rangère. Das ist ein See oberhalb des Dorfes. Der Wanderweg ist alle 100 m mit einem blau-weiß Balkenduo markiert. Wenn man mit dem Rücken zur Straße steht, rechts ist das Café, muß man am linken Rand des Marktplatzes losgehen und gelangt über dessen linken Ecke auf einen Wiesenpfad. Von dort führt die Markierung nach links weiter. An dem Stausee Rangère ist ein ausgedehnter Parkplatz, der allerdings mit einer Kette abgesperrt sein kann. Mit dem Auto findet man den Stausee, wenn man durch den Ort weiterdurchfährt. Am Ortsende beginnt die Ausschilderung. Auf die D 18 nach links und nach 1 km nocheinmal nach links in einer Rechtskurve. Nach 100 m links liegt der See. Nach St.-LÉGER: zurück auf die D 18 nach links. Von VILLAPOURÇON ebenso auf die D 18 nach links.

Die Straße in Richtung Mont Beuvray säumen Baumreihen, als wenn holzgewordenen alte Gallier uns die Achtung gegenüber der Stätte nahebringen wollten.

Eine Kuh mit Kalb begegnet uns, die von zwei älteren Bäuerinnen gelenkt werden. Die Häuser am Wegesrand machen einen gepflegten Eindruck. Die Fensterläden sind häufig Farbig, oft hellblau gestrichen. Das riecht nach Ferienwohnung, aber nicht nur. Es kann passieren, daß man irgendwo sich auf

zwei Meter tiefer die Yonne-Quelle

einen entlegenen Bauernhof verfahren hat, und dort auf einen hoch- französisch sprechenden „Bauern" trifft. Da mag sich ein Vertreter des landständischen Adels dahinter verbergen, der heute noch die Revolution von 1789 im allgemeinen und Mitterand im besonderen bedauert oder der Inhaber eines Ferienhauses. Von Le PUITS Richtung Mont Beuvray auf der D 18. Die D 18 ist ein bescheidenes Landsträßchen.
Ein Kilometer nach Le PUITS fuhrt nach links die D 500 zur Quelle der Yonne. Für Gespanne nicht geeignet. Wir folgen

133

dem Wegweiser zur Yonne. Der Wald überwölbt die Straße.
Bei ANVERSE haben wir Probleme, an 3 Kühen vorbeizu-
kommen. Wissen Sie, wie breit Kühe auf einer engen Straße
sind? Für einen naturköstigen Pfandflaschenmilchtrinker und
Gesinnungs-68er mit hoher Betroffenheitskompetenz ein raumgreifend neues Sinnenerlebnis.

100 m nach ANVERSE führt nach links ein Feldweg
bergauf zur source de l'Yonne, zur Yonnequelle. Ab ANVERSE
ist es ratsam, zu Fuß weiterzugehen. Der weitere Weg ist
befahrbar, wenn man ein Geländefahrzeug hat und lack-
schädenunempfindlich ist. Nach 800 m kommen zwei Linkskur-
ven und nach weiteren 300 m sind wir in einem verlassenen
Bauernhof. Keine Hunde weit und breit, nur verfallene Gebäude. Es ziert den Wiesenzaun unterwegs ein Schild: taureau
méchant, wilder Stier, aber der ist nicht zu sehen. Vermutlich
hat der Schriftzug schon mehrere Stiergenerationen überdau-
ert. Eine Tränke im verfallenen Bauernhof läßt ein Wässerchen
über sich plätschern. Hinter der Tränke baut sich in 10 m
Entfernung links seitlich bergauf ein halber Steiniglu auf. Das
ist die Einfassung der Yonne-Quelle. Der Halb-Iglu überwölbt
einen Brunnenschacht. An dessen kühlem Grunde verläßt die
Yonne in 730 m Höhe den Berg Préneley, erblickt das Halblicht
des Brunnenschachtes, während wir runtergucken uns noch
dazu, und mündet nach 273 km bei MONTEREAU in die Seine.
Der übrige Bauernhof entpuppt sich bei unserer Entdeckungs-
promenade als Müllkippe. Frankreich hat zu wenig Aussteiger.
Zurück auf die waldige D 18 links in Richtung Mont Beuvray, der
hier allerorten ausgeschildert ist. Das gehört sich für einen
gallischen Nationalberg. Dann auf die D 3 in Richtung des
Berges der Häduer.

Le Mont Beuvray/BIBRACTE

1 km nach der Kreuzung D 18/ D 3 haben wir eine
Rechtskurve, und in dieser Rechtskurve führt nach rechts eine
enge Einbahnstraße zum Mont Beuvray. Es ist kein Schild zu
sehen. Vielleicht haben einige Gallier es abmontiert, um den
römischen Feind zu verwirren. Der 820 m über dem Meer
thronende Mont Beuvray ist über die kurvige und recht steile
Straße zugänglich. Parking auf der Hochfläche. Für Gespanne
befahrbar aber kein Genuß. Heißer Tip: Man kann auch zu Fuß
den Keltenberg erklimmen. Doch parken kann man nur längs
der D 3. Wir rücken in die Keltenfestung BIBRACTE über die
Großen Tore des Rebout ein, les Grandes Portes du Rebout (s.
Karte). Die Stadt hatte ursprünglich 4 Tore. Rebout ist weiträu-
mig ausgegraben und teils wieder aufgebaut. Dieser Wieder-

aufbau ist bisher das finanziell größte Unternehmen der französischen Archäologen. Wenn die alten Kelten abends die Tore schlossen, sollen die Einwohner der Gegend um NEVERS diese Lärmbelästigung noch vernommen haben. Das erzählten sich zumindest die Leute über die Jahrhunderte. Wir erahnen Ausmaße und Umfang. Die waren gewaltig. Auf 5 km Länge kam der 3-4 m breite Umfassungswall und schloß 135 ha ein. Das ist die bebaute Fläche einer heutigen Stadt mit 7.000 Einwohnern. Die gallische Mauer wurde aus Erde aufgeschichtet und mit Holzbalken verstärkt. Eisenstäbe verbanden die Balken. An der Feindseite wurde eine massive Steinverkleidung hochgezogen. Mehrere Generationen der keltischen Äduer oder Häduer errichteten vermutlich zwischen 160 und 120 v. Ch. diese Stadt. In ihrem Kern siedelten Handwerker, und die Räume zu den Wällen dienten als Zuflucht für die Bauern der Umgebung.

out of area

Caesar, römischer Frauenheld und Befehlshaber von 5 Legionen (=20.000 Humanisten) und nur Statthalter von Oberitalien, marschierte im Rhônetal herum. Eigentlich außerhalb seiner Zuständigkeit. Doch er verteidigte eben vorwärts. Im Rhônetal erreichte ihn 58 v. Ch. der Hilferuf der Häduer. Diese wurden durch die Helvetier, einem räuberischen, geldgierigen Bergvolk aus dem Jura und östlich, heftig bedrängt. Caesar half brüderlich. Die Römer hatten für solche Fälle eine günstige Verfassungslage. Sie nutzten den Begriff "imperium". Das bedeutete ursprünglich „Amtsbefugnis, Amtsbereich, also Amtsbefugnis = Amtsbereich, im Militärischen Sprachgebrauch Befehlsgewalt = Befehlsbereich". Römische Amtsbefugnis kann sich nur dort zum Wohle der Menschheit und kultureller Spätlasten anwenden lassen, wo sie sich durchsetzen läßt. Sonst existiert sie nicht. Dort, wo sie sich durchsetzen läßt, ist sie kraft Durchsetzungsmöglichkeit rechtmäßig. Das Imperium Romanum, das Römische Reich, ist eben überall dort, wo die Leutchen tun, was ROM will. ROM ist, wo ROM befiehlt; ROM ist, weil ROM befiehlt. ROM, das reicht jetzt.
Descartes (1596-1650), ein feinsinniger Franzose des der römischen Klarheit verpflichteten Geistes, ersetzte Macht durch Denken und sprach der Nachwelt die Worte: Ich denke, also bin ich.
Freunde, Feinde, Beschützer, was gilt?
- nur eine Frage des Zeitpunkts......
Die Gallier überlegten sich aber bald, wie sie sich vor ihren neuen Freunden schützen könnten. Manche Freunde können

ja ziemlich lang bleiben, zumal wenn sie durch eigene Heeresmacht den Besuch etwas abstützen. Auf dieser Hochebene

Bahnhof im südl. Morvan

fand sich 52 v. Ch. zusammen, was in Gallien glaubte, zusam-
menzugehören. Die Führer der gallischen Stämme - die Hädu-
er widerwillig - wählten einen jungen, adligen Recken zum
Abwehrchef gegen die Römer. Der hieß Vercingetorix (s.
Tagesfahrt 3). Nach dem Sieg der Römer über die Kelten bei
ALESIA verbrachte Caesar mit einer Legion den Winter 52/51
v. Ch. in BIBRACTE und begann dort sein Buch „Über den
Gallischen Krieg" zu diktieren.

Europa soll zahlen

Nach der römischen Besetzung von ganz - fast ganz -
Gallien, verlor die Keltenstadt rasch an Bedeutung, verfiel und
wurde bis ins 19. Jahrhundert lediglich als Mai-Markt genutzt.

136

Die Römer gründeten AUTUN und machten es zur bedeutend-
sten Stadt im römischen Gallien. 1867 begannen die Ausgrabungen und werden seit 1985 - nach langer Unterbrechung
fortgesetzt. Sie werden von der französischen Regierung, von
der Région und vom Département finanziert. Mit uns schlei-
chen einige Touristen herum, verlieren sich aber in dem großen, bewaldeten Gelände. Der Wald birgt Buchen, die mehrere
Jahrhunderte alt sind. Die kleine Straße, im ganzen Berg-
bereich Einbahnstraße, führt zur Hochebene, zum Zentrum der
Keltenburg. Auf halben Weg zum Gipfel wird ein mittelalterli-
ches Kloster des 14. Jahrhunderts links der Straße ausgegraben. Nach 200 m passieren wir ein Hinweisschild „autel des
Gaules", einen Altar mit einem großen Zelt über der
Ausgrabungsstätte. Studenten aus 8 europäischen Ländern
beteiligen sich an den Ausgrabungen. Zur Zeit wird erwogen,
auf dem Beuvray ein europäisches Zentrum für Archäologie zu
schaffen. Die ausgegrabenen Gegenstände sind im Musée
Rolin in AUTUN zu besichtigen.

**Le Mont Beuvray = Mitterand + Gallien gegen Caesar +
Rom
oder: Ein Politiker lebt Geschichte**

Wir kommen auf die mythische Hochebene. In der Nähe
sind Parkplätzen unter Bäumen angelegt. Inmitten der weiten
Grasfläche steht ein Denkmal. Da ist vermerkt, daß am 17.
September 1985 François Mitterand, der Präsident der Französischen Republik, BIBRACTE zur nationalen Stätte erklärt
habe. Und nicht nur das. Hier, so erfahren wir, wo Mitterand im
Jahre 1985 stand, da einten sich die Fürsten Galliens um
Vercingetorix. Mitterand wandert seit langer Zeit jedes Jahr mit
einigen Auserwählten zu Pfingsten auf den Mont Beuvray.
In der Nähe des Gedenksteins ist eine Orientierungstafel für die
umliegende Geographie. Wir fahren nach eingehender Würdi-
gung auf der Einbahnstraße von der Hochfläche weg. Unterwegs erinnert uns ein Schild an das Verbot, Feuer zu machen.
Bei der Abfahrt sehen wir laufend Hinweise auf weitere Ausgrabungen und Teile der Wallanlagen, vor allem den großen
Toren.
Der Große Wanderweg GR 131 führt über den Mont Beuvray.
Am Mont Beuvray haben geduldige Leute vergessene, keltische Wege herausgefiltert. So lassen sich ca 20 Wanderungen von 6-10 km auf diesen Wegen machen (die Routenkarten
sind in den Offices du Tourisme erhältlich). Auf dem GR 131
sind es nach AUTUN 7 Stunden, nach St. LÉGER 1h44. Auf die
D 3 nach rechts in Richtung St.-LÉGER sous Beuvray (s/s

Beuvray). Vor uns rumpelt ein mittelprächtiger Traktor und hemmt unseren Vorwärtsdrang merklich. Am Straßenrand stehen knorrige Bäume mit abgesägten Ästen. Wir fahren nach

Die Portes du Rebout

St.-LÉGER s/s Beuvray rein. Rechts empfängt uns die Polizeiwache, die stolz die Dreifarbige wehen läßt und eine mächtige Antenne auf dem Dach hat. Statussymbol. Der Campingplatz ist ausgeschildert. Der Gemeindeplatz wirkt angenehm. Er ist in ein Tal eingebettet. Preise 1993: für 4 Personen mit Strom FF 43=12,50 DM. Das Campingbüro ist von 8h30 - 9h, 18h30-19h30 besetzt. Der Campingplatz ist ein Wiesengelände. Im Ort sind Metzgerei, Bäckerei, Lebensmittelgeschäft, zwei Tankstellen. St.-LEGER-sous-Beuvray ist ein typisches Morvandorf. Niedrige Häuser reihen sich um den dreieckigen Dorfplatz.

Hinrichtung oder Mord

Nachdem wir unser „Lager" aufgeschlagen haben, lese ich von einer Geschichte, die sich in St.-PRIX um 1850 abgespielt hat. St.-PRIX liegt nur 3 km nördlich von unserem Campingplatz. Der Schmied von St.-PRIX, Montcharmont, fand eines Tages seinen Jagdhund erschossen in der Nähe seines Hauses. Montcharmont, ganz Kohlhaas, kochte vor Wut und erschoß Polizist und Feldschütz. Keine schöne Art im Umgang mit dem Öffentlichen Dienst. Montcharmont wurde gejagt. Der Schmied ging in die Wälder. Die Obrigkeit mobilisierte. Zwei Kompanien der Garnisonsstadt AUTUN rückten an.

Auf dem Plateau des Mont Beuvray

Montcharmont floh in den Wald von Roussillon, 15 km nördlich unseres Campingplatzes und entkam. In dieser Zeit wurde er in den Augen der armen Morvanbauern immer mehr ein Rebell

139

gegen die Obrigkeit. Die Leute gaben ihm zu essen, und er blieb für die Mächtigen unauffindbar. Das machte den Schmied übermütig. Er sagte dem heimatlichen Waldgebiet ade und ging an die Saône. Dort ereilte ihn sein Schicksal. In SENNECEY-le-Grand bei TOURNUS packten ihn die Häscher Das Gericht verurteilte ihn zum Tode, und der Henker in CHALON-sur-Saône sollte den Schmied Montcharmont öffentlich hinrichten. Er band ihn unter das Fallbeil. Der Todeskandidat zappelte und zerrte an seinen Fesseln. Der Henker murkste. Der Kopf blieb unversehrt auf den Schultern. Die Menge sympathisierte mit dem Opfer. Der Henker und seine Knechte banden Montcharmont noch fester und die Hinrichtung wurde zum Mord. Die Abscheulichkeit dieser Hinrichtung löste eine gewaltige Affäre aus. Im fernen PARIS verdammte Charles Hugo in einem

Hallo, wir könnten uns kennen.

Schloß der Familie Epinat in MILLAY im südl. Morvan,
Beispiel eines kostenintensiven Besitzes ohne staatl. Subvention

Zeitungsartikel die Grausamkeit der Justiz und griff die Todesstrafe an. Das mag schon berechtigt gewesen sein und
entsprach der stolzen Tradition der Verkünder der Men-
schenrechte. Aber die der Weis- und Wahrheit so nahen Klasse
der Rechtspflege einfach runterzuputzen, nur weil ein Provinz-
henker murkste, - so nicht. Das Abendland müßte sonst Scha-
den nehmen. Hugo landete als Angeklagter vor Gericht. Der
Charles war aber Sohn. Sohn des Victor Hugo, und der wußte
von sich, daß er die personifizierte Dichtkunst im Frankreich
des 19. Jahrhunderts war, der Goethe von der Seine. Der Chef
der Literatenklasse schlug auf die Juristenzunft ein. Die Pariser
Welt war Publikum. Hugo sah in seinen Reihen alle, wer in
Moral und Religion vom Feinsten ist. Bei der Philosophie
begnügte er sich noch mit dem Preußenkenner Voltaire. Aus
dem religiösen Bereich, da war unter Jesus selbst nichts
Passendes. Hugo und Jesus, so trat Dichterfürst Victor vor die
Richter.
 Und wie beschimpfte er die?
Als Parteigänger, als Mordbuben, als Unterdrücker der unwis-
senden Schichten, als Vergewaltiger des menschlichen Lebens, Vergeltungsdogmatiker (sprich Rachefundis), als Feinde
der Menschheit schlechthin. Solches hörten die Jungs in den
schwarzen Talaren selten. Die Roben? Die Front der schwarzen Roben wankte nicht, sie brach. Der kleine Hugo kam
ungeschoren davon, Senior Victor hatte die Pariser Gesell-
schaftsordnung wieder zurechtgerückt, - und die Todesstrafe
blieb erhalten. Um diese ging es auch gar nicht.

Tagesfahrt 12

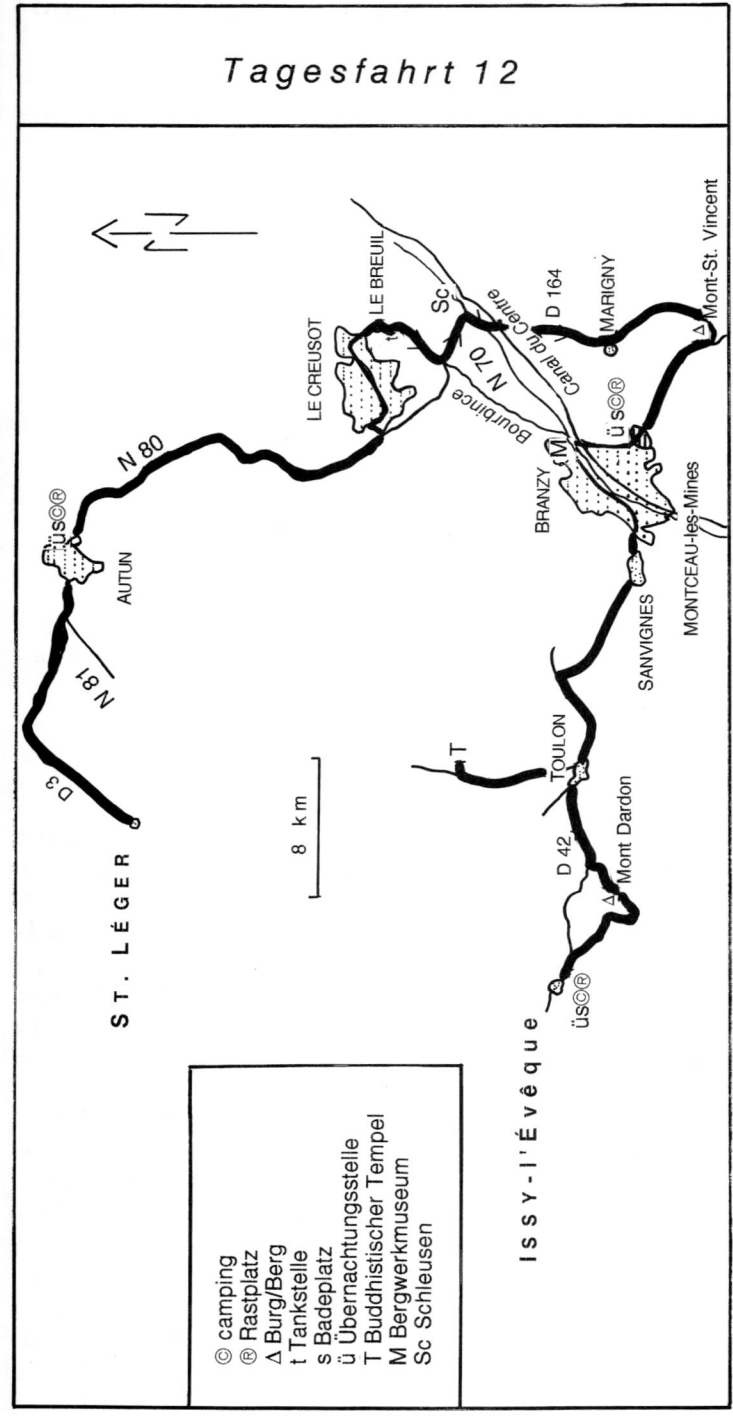

Legende:
© camping
® Rastplatz
Δ Burg/Berg
t Tankstelle
s Badeplatz
ü Übernachtungsstelle
T Buddhistischer Tempel
M Bergwerkmuseum
Sc Schleusen

ST. LÉGER
AUTUN
LE BREUIL
LE CREUSOT
MARIGNY
Mont-St. Vincent
BRANZY
MONTCEAU-les-Mines
SANVIGNES
TOULON
Mont Dardon
ISSY-l'Évêque

N 80
N 81
D 3
N 70
Sc
Canal du Centre
Bourbince
D 164
D 42
T

8 km

St.-LÉGER-s/s-Beuvray - ISSY-l'Evêque

Strecke: FONTAINE-la-Mère * AUTUN * Le CREUSOT * MONTCHANIN * Mont St. Vincen t* MONTCEAU-l'Evêque

Entfernung: 120 km

Besichtigen: AUTUN, MONTCHANIN 7 Schleusen, Mont St. Vincent, MONTCEAU-les-Mines Bergwerk, Buddhistischer Tempel bei TOULON

Übernachten: ISSY-l'Evêque Camping, (Ü) beim Camping

Lebensmittel/Tanken: AUTUN Casino Richtung BEAUNE, oder zwischen Le CREUSOT/Le BREUIL und MONTCHANIN

Schwester von ROM

Wir starten vom Campingplatz nach links und nach 400 m nach links in die D 3 Richtung AUTUN, der römischen Konkurrenz von BIBRACTE und die Totengräberin der Keltenstadt. Am Straßenrand sind Hinweise auf Gästezimmer zu entdekken, selten auf deutsch, normal auf französisch mit chambre d'hôtes. Links marschiert uns ein Angler entgegen. Der Angler im Menschen ist wie fast überall in Frankreich das zweite Ich des Franzosen. Selten geht die Frau mit. In unmittelbarer Nähe der Straße fließt links ein kleines Flüßchen, der Méchet, der in den Arroux mündet. Den Arroux treffen wir noch in AUTUN und in TOULON. Der Arroux ist 120 km lang und mündet in die Loire. Jetzt auf die N 81, die die Stoßdämpfer munter beansprucht und nach AUTUN rein. Links sehen wir in ca 500 m Luftlinie die Ruine des Janus-Tempelsl aufragen und werden so schon von der Hauptstadt des römischen Gallien fachgerecht begrüßt. Der Weg geht durch das Industriegebiet. Rechts im Hintergrund zieht die mittelalterliche Kathedrale die Aufmerksamkeit auf sich. Dazwischen nehmen wir auf großen Werbeflächen die Existenz von Supermärkten in AUTUN zur

Kenntnis. Falls Nachschub notwendig, kann man gleich durchfahren auf der

Kathedrale des Heiligen Lazarus

Richtung „BEAUNE, toutes directions, poids lourds".
Dabei geht es durch die rue de Gaillon und vorbei an der Porte
St.-André. 1 km nach dem Bahnhof folgt man an einem Kreis-
verkehr dem Schild „gendarmerie" und gelangt rasch zu einem
Supermarkt mit Tankstelle und Kreditkartenakzeptanz. Dieser
Markt hat sogar sonntags 8h30 bis 12h auf. Unter der Woche
ist von 8h30 bis 20h geöffnet.

Die Besatzer brauchen dicke Mauern

Wir parken einstweilen am Bahnhof. Von dort gehen
wir Richtung centre-ville und kommen auf den Platz des Gottes
Mars, le champ de mars. Das ist die Mitte der Stadt. AUTUN hat
heute 21.653 Einwohner und ist ein repräsentatives Provinz-
städtchen mit einer kleinen Industrie. Dabei werden die Kabel-
werke von Alcatel der wichtigste Betrieb sein. Die Vergangenheit der Stadt kennt allerdings andere Dimensionen. Die römischen Besatzer gründeten hier an dieser Stelle AUGUSTODU-
NUM (lateinisch dunum = Befestigung) so um Null vor/nach
Christus und machten AUTUN zum Sitz ihres Präfekten, des
Statthalter ROMs für ganz Gallien. So wurde AUTUN
Verwaltungshauptstadt Galliens. Der Namensgeber war Kaiser Augustus, der große Machtkünstler, Adoptivsohn Caesars,
Militärsoftie und resistent gegenüber den - verlöschenden -
Reizen der Kleopatra. Die Neugründung AUTUN ohne keltische Vergangenheit verdrängte BIBRACTE, den Hort galli-
scher Freiheit. Die Römer klotzten gleich eine wuchtige Ring-
mauer um ihr 200 ha großes Ziehkind, obwohl die Germanen
in den Wäldern hinter dem Rhein blieben und selbst in den
Bedrohungsanalysen der römischen Legions-Stäbe nicht vor-
kamen. (ROM hatte nur eine doppelt so lange Mauer). Das
Mauer-Klotzen sollte wahrscheinlich die Eingeborenen etwas
einschüchtern. Vielleicht waren die römischen Präfekten furcht-
same Bürokraten, die dicke Steine um sich brauchten. Diese
Mauer war ursprünglich 6 km lang, 2. 50 m dick und fast 11 m
hoch. Rund 50 Türme vermittelten Weitblick. Ungefähr zwei
Drittel (der Mauern) sind noch vorhanden. Der Rest ist verschwunden. Das Tor/Porte Saint-André liegt an der Straße
nach BEAUNE/ DIJON (s. Abschnitt „Zur Schwester ROM's).
Das ebenfalls gut erhaltene Tor von Arroux, Porte d'Arroux,
steht an der Straße nach SENS/SAULIEU zum Campingplatz

Treffpunkt der Räuber und Mordbrenner

Im 5. und 6. Jahrhundert erkannten die Germanen, daß ihr
Leben mit Wald, Met, Saufgelage, Bärenfell und Frauenab-

schleppen nicht alles sein kann. Sie suchten die Alternative und machten sich auf. Jedes ordentliche Germanengefolge wählte sich einen Herzog und setzte über den Rhein. Die Blondschöpfe brachten neuen Schwung in das verfriedete und verchristete Gallien. Sie betrieben Aktivurlaub, Erlebnisgastronomie. AUTUN wurde abgehakt und verbrannt. Die Stadt hatte Konsum- und Freizeitprobleme los. Da es am Rhein damals nicht so schön war, kamen die Germanen nicht immer aber immer

Auf dem Marsfeld, im Hintergrund das Rathaus

öfter. Überhaupt kam AUTUN in den Ruf, daß der zeitgerechte Wüstling mal dort gewesen sein muß. Im 8. Jahrhundert standen die Sarazenen im Rhônetal und schauten grausam vorbei. 895 lernten die Einwohner und vor

146

allem Einwohnerinnen von AUTUN die Normannen kennen. Langweilig wurde es demnach nicht. Im Mittelalter kamen die Gebeine des Heiligen Lazarus in die Stadt. Heilige Knochen ziehen Pilger an, und Pilger bringen Geld. Heute übernehmen diese Rolle die Touristen. Sie sind für den Stadtsäckel unentbehrlich.

Im 18. Jahrhundert ernannten einige lateinbelesene Provinzler ihre Stadt AUTUN zur Schwester und Nebenbuhlerin ROMs und waren fortan glückliche Menschen.

Liebelei in der Mittagspause

Vom Bahnhof zur Stadtmitte geht es über die Avenue Charles de Gaulle. Kennen Sie den noch? Die Stadtmitte mit dem Marsfeld ist großzügig angelegt. Ein imposantes Rathaus mit Diensttrikolore hat als Gegengewicht am anderen Ende des Feldes des Mars ein Gymnasium, das lycée Bonaparte, das unserer Oberstufe von Klasse 11 bis 13 entspricht. Im Krieg hatte die Wehrmacht ein Lazarett in dem Gebäude eingerichtet. Die aufknospende Schülerjugend hat gerade Mittagspause in ihrem ganztägigen schulischen Jammertal und sonnt sich in Gruppen oder eng zu zweit in der Weite des Marsfeldes. Das lycée hat keine Fahne aber ein altehrwürdiges Gitter als Repräsentationsfront. Die fortdauernde Beschäftigung mit dem Geist hat dem Gebäude äußerlich sichtlich zugesetzt, während die Verwaltung im Rathaus keine ähnliche Wirkungen an den Außenmauern erkennen läßt. Mitten auf dem Marsfeld herrscht die moderne Internationale. Die Flaggen Burgunds, Frankreichs und Europas deuten die Trinität von heute und morgen an. Überhaupt haben wir in Frankreich die Europaflagge recht oft gesehen, häufiger als in Deutschland. Irgendwie scheint gerade die Regionalisierung des Landes die Europäisierung parallel zu fördern und umgekehrt. Neben den Flaggen steht ein offener Pavillon. Um den champ de mars sind im weiten Rechteck Geschäfte und Cafés angesiedelt.

Wir steuern die Kathedrale St.-Lazare, Sankt Lazarus, an. Man sieht ihre Spitze vom Platz aus. Als Weg wählen wir eine Glas-Passage, die aus dem 19. Jahrhundert stammt. Man hat aus ihr jedoch nichts mehr gemacht. Vielleicht ist unser Maßstab zu überzüchtet. Doch zeigt diese kleine Erfahrung, daß AUTUN keine reiche Stadt ist. Es gibt nur wenig Ermüdenderes als in Städten zwecks Besichtigung herumzulaufen. Angesichts des „Aufstiegs" zur Kathedrale legen wir eine gesunde Rast ein. Das Café liegt an einer Fußgängerzone. Die gehen wir nach rechts und dann die nächste Straße, noch Fußgängerzone, nach links, dann 200 m geradeaus und halbrechts entlang der petite rue, einer recht baubedürftigen Gasse. Der Weg zur Kathedrale ist ausgeschildert, allerdings ziemlich verhalten. Die Hauptstädter des alten Galliens sind bescheidene Leute. Vielleicht sollen die Fremden auch nicht überall herumturnen. So geschieht eine natürliche Auslese. Wer die Kathedrale findet, der hat's verdient. Am Ende der Fußgängerzone macht links ein „biologischer" Bäckerladen auf sich aufmerksam.

Judas, Kardinal und Kanzler

Wir haben es fast geschafft. Noch absolvieren wir das musée Rolin im Vorbeigehen. Das musée liegt in der rue des banques. Da wurden früher Metzgerbänke aufgestellt. Also nichts mit Geldhaufen. Die Baulichkeiten gehörten dem Kardinal Rolin. Er stammte aus AUTUN und hatte seine Zeit im 14. Jahrhundert. Rolin war Kanzler des Herzogtums Burgund. Damals tobte in Frankreich der Krieg des französischen Königs gegen den englischen. Später werden die langwierigen Auseinandersetzungen der „Hundertjährige Krieg" genannt. Rolin balancierte zwischen den Streithähnen herum. Um seine balance zu halten, beteiligte er sich politisch an der Gefangennahme der Jungfrau von Orléans durch die Engländer. Eine größere Schandtat an Frankreich hätte er nicht begehen können. Wir sind Rolin bereits in BEAUNE begegnet. Dort hat er das weltbekannte Hospiz gestiftet. Heute gehört das Gebäude in der Metzgerbänkestraße der Stadt und beherbergt in 11 Räumen gallorömische Funde, mittelalterliche Kunst, europäische Gemälde und Zeugen lokaler Geschichte.

Die Knochen des Lazarus

Vor uns steht die Kathedrale. Einst stand hier eine poplige Wallfahrtskirche. Drinnen bewahrten Mönche die Knochen des Heiligen Lazarus auf. Wessen Gebeine das wirklich waren, das ist unklar. Wie ein ordentlicher Geheimagent bekamen die Knochen eine Legende. Der Lazarus soll mit seinen Schwestern Maria Magdalena und Martha nach Marseille gekommen sein. Dort missionierte er. Wie die Uniform des preußischen Leutnants den Menschen erst zum Zweibeiner mutiert, so glaubte man, allein die Knochen eines Lazarus, allein Lazarus als Bischof, erst in diesem Dienstgrad - Päpste, Kardinäle, Erzbischöfe gab es damals nicht- aber dann zum Märtyrer gemordet, könnten pilgerwirtschaftlich etwas hermachen. Im 12. Jahrhundert wurde die Kathedrale Saint-Lazare errichtet, da die kleinere Saint-Nazaire dem Pilgerstrom nicht mehr gewachsen war. Die Kathedrale dient auch als Kulisse für die Son et Lumière Veranstaltungen, die vom 15. Mai bis 30. September ab 22h jeden Donnerstag, Freitag und Samstag stattfinden.

Schlange beißt nackte Brust

Berühmt ist das Tympanon, das Giebelfeld am Hauptportal. Die aufgeführte Figurenwelt will den Menschen erziehen, will ihm Gutes und Böses vorführen. Bischöfe, Mönche, Pilger finden sich auf der guten Seite. Die Zunft denkt an sich. Zur Bosheit wird der Geizhals gerechnet, vermutlich derjenige, der der Kirche nichts gibt. Unzüchtige sind ebenfalls der Verdammnis gewiß. Unzüchtig ist eine Frau, der die Schlange dafür in die nackte Brust beißt. Vielleicht ist auch die Schlange - tiergewordener Belästiger - unzüchtig. Vielleicht beide. Unzucht ist offenbar nur durch Unzucht wirkungsvoll zu bekämpfen. Himmel und Hölle, beide sind drastisch dargestellt. Im Himmel geht es ruhig, erhaben und würdig zu. In der Hölle herrscht Streß und Energieüberfluß. Beine schauen aus dem kochenden Ölkessel, Teufels-Ungeheuer stoßen die Sünder in das brennende Öl, spießen eine - bestimmt sündige - Frau an einer Lanze auf. Die Bildhauer hatten so ihre Phantasien oder war's nur der Teufel, der sie lenkte.

Die Kathedrale ist steingewordenes Kunstgeschichtsbuch. Romanik, gotische Elemente wie die Turmspitze und Barock aus dem 18. Jahrhundert bilden zusammen das Gesamtkunstwerk Kathedrale. Das tut der Wirkung keinen Abbruch. Nur Kunst-Fundis haben dabei einen hysterisch kritischen Höhepunkt. Nach dem Besuch der wuchtigen, teils deutsch beschilderten Kathedrale, die uns zeitweilig die kleine Außenwelt vergessen lassen kann, suchen wir uns zu den Resten der Stadtmauern durch.

Fayencen auf der Stadtmauer

Wir gehen auf der rue Dufraigne, links der Kathedrale und entdecken und folgen einem Schild atelier d'art nach rechts in die rue Rivaost. Das Atelier ist privat, tagsüber offen. Das Gelände des Ateliers liegt auf der Stadtmauer mit römischer Basis. Eine schöne, weite Aussicht lohnt den etwas mühseligen Anmarsch. Da das Atelier gewerblich ist und die Kunstfreunde rar oder geizig oder beides sind, stürzt sich rasch eine reifere Dame auf uns, entpuppt sich als Künstlerin und zeigt uns ihre Fayencen. Wir bezahlen mit Interesse und Freundlichkeit. Man hat ja eh schon genug zum Abstauben. Und ob die eigenen Freunde und Bekannte die Einmaligkeit der Fayencen aus AUTUN so gezielt bemerken, das wollen wir doch nicht testen. Und wenn uns nach dem Urlaub irgendwelche Scherben aus Marokko vorgeführt werden? Mitten im Video? Da könnten die Fayencen aus AUTUN mit Echtheitsstempel und Elementen nepalesisch-tibetanischer Schnurkeramik eigentlich eine Hilfe werden.

Römische Legionen in der Arena

Wir kehren wieder zurück, die rue Notre Dame an der Kathedrale vorbei über das Kopfsteinpflaster der Rue des

Freizeitanlage am Stadtrand von AUTUN

banques, über das Marsfeld zum Bahnhof, wo unser Blechle geduldig wartet. Wir fahren jetzt Richtung CHALON/BEAUNE über das Marsfeld und kommen nach einem Kreisverkehr in die avenue du 2ème (régiment de) Dragons (gemeint ist das 2. [Dragonerregiment, rechts sind die Kasernenanlagen) an das römische Theater. Auch hier keine gewaltige Beschilderung,

sondern ein kleiner Hinweis „Théâtre Romain" in eine Seitenstraße nach rechts ca 300 m nach dem Kreisverkehr. Im
römischen Theater findet jedes Jahr das Historien-Schauspiel
„Es war einmal AUGUSTODUNUM" (Il était une fois AUGU-
STODUNUM) im Zeitraum Juli/August statt. Da marschiert
halb AUTUN auf. 600 historisch kostümierte Bewohner von
AUTUN lassen die galloromanische Epoche wiederaufleben,
oder zumindest deren touristische Verpackung. Vercingetorix,
der Held der Gallier, Caesar und Teile seiner Legionen, Wagen-
rennen, Musik und Tanz bieten in den Sommernächten über 2
Stunden jeweils freitags und samstags ab 22h Mega-Unterhal-
tung. Karten sind im Office du Tourisme in der Avenue Charles-
de-Gaulle beim Marsfeld zu kaufen. Der Spaß kommt pro
Person auf DM 20.-.
   Nach Genuß des Theaterhalbrunds geht es zu der 2.
Dragonerstraße, und in die biegen wir nach rechts ein in
Richtung CHALON/Le CREUSOT auf die N 80.

Freizeitanlage mit See

   Am Stadtrand von AUTUN in Richtung Le CREUSOT sehen
wir den Plan d'Eau du Vallon, die künstliche Seenanlage und
das Freizeitzentrum von AUTUN.
   Am See ist eine Surfschule, ein Hallenbad, ein Schwimm-
bereich am Strand wird überwacht. Sandstrand und eine große
Liegewiese runden die Freizeit ab. Am Parkplatz ist eine
Toilettenkabine. Die Benutzung kostet derzeit FF 2. Angeln,
Golf, Tennis, Reiten sind weitere Möglichkeiten in diesem
Freizeitpark, der direkt an den Bereich des römischen Theaters
anschließt. Man kann um den See herumspazieren und neben-
bei das antike Theater ansehen. Der Parkplatz ist recht groß-
zügig angelegt und eignet sich als Übernachtungsplatz.

Mit 270 km/h nach PARIS

   Hinter AUTUN in Richtung le CREUSOT durchfahren wir
auf der N 80 den Standortübungsplatz der Franzosen, die ihre
Armee in den nächsten Jahren kräftig reduzieren. Zu beiden
Seiten ist der Forêt de Planoise. Hinter uns nervt sich ein GLS
Golf-Fahrer. Ein Schild zeigt zum TGV-Bahnhof, dem Hoch-
geschwindigkeitszug Frankreichs. Le CREUSOT ist 90 Minuten mit dem TGV -train à grande vitesse- und seinen 270 km/
h von Paris entfernt. In Le CREUSOT Richtung centre-ville.

Schneider, der Krupp Frankreichs
Fortsetzung schon nächste Seite

Auf den ersten Blick wirkt die 33.000 Einwohner zählende Industriestadt Le CREUSOT ungemütlich. Das Zentrum ist der Schneiderplatz, place Schneider. Eugène Schneider lebte von 1805 bis 1875. Zusammen mit seinem Bruder Adolphe übernahm er 1836 die örtliche Kristallfabrik und ließ Schmelzöfen, Walzan agen und Stahlwerke in Le CREUSOT bauen. Eisenerz- und Kohlevorkommen, die heute erschöpft sind, waren Ausgangspunkt für die industrielle Entwicklung. So entstand eine gewaltige Eisenschmiede. 1843 wurde bei Schneider der größte Dampfhammer der Welt, le marteau-pilon, hergestellt. Ein eindrucksvolles Exemplar, das von 1876 bis 1924 in Betrieb war, steht heute auf der Straße von Le BREUIL nach TORCY. Le CREUSOT lieferte Stahl für die Bahn, für Fabriken, Häfen. Die Stahlherstellung war bis nach dem Zweiten Weltkrieg, und ist es zum Teil noch heute, Basis für die Rüstungsindustrie. So kamen aus Le CREUSOT Panzer, Kanonen etc. Da im 2. Weltkrieg die Wehrmacht sich hier bediente, belegten die Alliierten die Stadt md Bombenhagel. Ein Freundschaftsdienst für das verbündetete, feindbesetzte Frankreich.

Auf der einen Seite der place Schneider ist eine relativ schmucklose Kirche. Gegenüber befindet sich eine kurze Fußgängerzone. Am repräsentativen Eck des Platzes steht ein Denkmal mit der Figur des Schwerindustriellen Joseph-Eugène Schneider, ein französischer Krupp. Hinter der Kirche ist das Château de la Verrerie. Am Eingang des Château ist das Verkehrsbüro. Im Hof des Schlosses liegen Kanonenrohre mit Kugeln aus dem 18. und 19. Jahrhundert herum. Ob sie als Zierde gedacht sind, oder man vergessen hat, sie zu irgendeinem Krieg abzutransportieren, ob das eine Endlagerung im Sinne der KSE-Abrüstung ist, wir erraten es nicht. Vielleicht dienen sie auch der Erinnerung an französischen Kriegsruhm. Immerhin sind sie ordentlich, fast preußisch, aber nur fast, nebeneinander aufgereiht und verdeutlichen in dieser Umgebung unwillkürlich, wer an solchen Kanonen verdient. Zumindestens kam ein Schloß dabei heraus.

Die Dame mit dem Fallbeil

Zunächst war auf diesem Platz ab 1786/87 eine Glashütte, eine Kristallmanufaktur der österreichischen Ehefrau des Königs Ludwigs XVI., Marie-Antoinette. In den Türmen am Eingang waren Brenn- und Schmelzöfen untergebracht. Die Dame kam im Laufe der Revolution von 1789 unter's Fallbeil. Im 19. Jahrhundert wurde umgebaut. Es entstand eine Residenz für die Familie Schneider. In den linken Turm wurde ein théâtre de poche, ein Zimmertheater für den privaten Kunst-

genuß der großindustriellen Familie eingerichtet. 1971 über-
eignete die Familie gegen Bares die ganze Immobilie der Stadt.
Die Gebäude beherbergen heute das Ecomuseum, das sich
mit der regionalen Geschichte befaßt, ein Forschungszentrum
und

Le CREUSOT: Joseph-Eugen Schneider in Bronze
gegossen

eine öffentliche Bücherei. Der Eintritt in das Eco-Museum
kostet 15 FF, Kinder unter 10 Jahre kostenlos. Öffnung: mo-fr

9h-12h, 14h-18h, sa+so 14h-18h.

Gegenüber des Einganges der Grande Verrerie ist der Platz der alten Usine Schneider. Das Ganze ist als Industriemuseum und Park eingerichtet und mit einem Kinderspielplatz verbunden. Hier standen die ersten Hochöfen der Schneider-

Der Dampfhammer von 1876 brachte 100 t auf die Pfanne

werke. Die heißen Öfen waren hier bis 1939 in Betrieb. Die Schneider-Werke sind heute in einem Industrieverbund zusammen mit Usinor-Sacilor, Alsthom Creusot Rail und Framatome eingegliedert. Es schließt sich das moderne Industriegebiet von Le CREUSOT an. Es ist das Tal von Riaux. Weiter nach Le BREUIL. Dort tanken wir + kaufen ein.

Über sieben Schleusen kannst du gehn, oder bleiben lassen

Wir nehmen die Richtung nach MONTCHANIN/TORCY/ 7 écluses auf der D 290. Zwischen Le BREUIL und TORCY sehen wir das große Industriedenkmal, den Dampfhammer, inmitten eines Kreisverkehrs. Die Straße durchquert ein großes Gewerbegebiet. Weiter Hauptrichtung MONTCHANIN. Wir fahren nicht nach MONTCHANIN rein, sondern nach CHALON auf der N 80. Dann kommen wir an einen Kreisverkehr mit Ausschilderung CHAGNY. In Richtung CHAGNY verlassen wir den Kreis. Nach 100 m geht ein Schild CHAGNY/ ECUISSES auf der D 974 nach rechts. Die D 974 führt entlang dem Canal du Centre, dem Zentrums-Kanal. An diesem Kanal sind 7 Schleusen hintereinander angelegt. Von den 7 Schleusen aus ist der Bahnhof Gare TGV nur 3 km entfernt und ausgeschildert. Bei unserer Ankunft startete ein langer TGV.

Kunst gegenüber den Toiletten

Unser nächstes Ziel ist der Mont-St.-VINCENT. Zurück auf die N 70. Von der N 70/E 607 in Richtung MONTCEAU-les-Mines fahren wir ab in Richtung MONTCHANIN-le-Haut, weiter auf der D 164 nach MARIGNY, dann auf die D 90 zum Mont-St. VINCENT, der ausgeschildert ist. Die Ecke nach St.-VINCENT ist recht windig. Bei der Auffahrt in den Ort biegt am Ortseingang eine kleine Straße im spitzen Winkel nach rechts zur Bergspitze. Besser ist es jedoch, das Fahrzeug im Ortskern zu parken. Nach 100 m finden sich rechts Toiletten der alten Art. Daneben ist eine Tränke. Gegenüber die unvermeidbare Kunst, die sich in Frankreich in solch entlegenen Orten niedergelassen hat. Doch belebt der Künstler die Umgebung sehr nachhaltig. Die Exponate des Bildhauers sind von der Straße aus zu sehen.

Keltische Feuer

Der Mont-St.-VINCENT liegt 610 m über Meereshöhe. Eine Kirche gibt es aus dem 11. Jahrhundert. Die Menschen aus der Bronze-Zeit saßen schon hier. Der Berg ist ein Gedicht,

eine Prachtimmobilie für respektable Befestigungen. Die alten
Kelten hatten ein oppidum, eine Ansiedlung hier oben. Vermutlich wurde eine solche Stätte irgendwann einmal von Menschen in Besitz genommen und nie mehr aufgegeben. Die
Gallier hatten hier eine Leuchtfeuerfernmeldeverbindung mit
BIBRACTE auf dem heutigen Mont Beuvray, mit SUIN und
anderen Orten eingerichtet. Heute werden im Mai ähnliche
Leuchtfeuer entfacht. Diese Zündeleiprodukte tragen den Namen „Keltische Feuer". Marmorne Hinweise, daß die Résistance
hier suprageheime Rauchzeichen gestartet hätte, die den
Amerikanern gezeigt hätten, wo in Europa Frankreich liegt,
fehlen. Im Mittelalter stand eine wackere Burg, deren Mannen
gegen Eindringlinge im Sold des französischen Königs foch-
ten. Denen gelang es 1161, die Burg zu zerstören. Von 1493 bis
1684 krönte diesen Berg ein Turm. Der Berg gehörte in dieser
Zeit zum Herrschaftsbereich des Deutschen Reiches. Von da
ab sitzen die Franzosen des Königs, später der Republik auf
dem Berg .

Ein Spazierweg führt rund um das Dorf zur Höhe. Auf der
Spitze ist ein Turm mit einem Orientierungstisch, une table
d'orientation, mit einer naturgemäß herrlichen Aussicht. Wir
wollen aber nicht jetzt schon wieder Oma in MITTELSDORF
grüßen, denn die will mal ihre Ruhe haben.

Auf dem Mont St. VINCENT sind eine riesige Antenne und
mehrere kleine Antennenmasten aufgestellt. Zwei große Para-
bolspiegel glänzen in die Sonne. Eine Baracke ist vollgestopft
mit technischen Einrichtungen. Die Polizeiwache ist nicht ohne
Grund gleich nebenan. Einer der großen Antennenmasten wird
mit 6 Eisenseilen festgehalten. In dem Garten neben den
Antennen blinzeln uns zwei Eskimoschlittenhunde zu. Sie
kläffen - artgerecht - nicht und geben sich von uns völlig
unbeeindruckt. Am Aussichtsturm ist ein Hinweis angebracht,
daß bei Sturm der Aufstieg gefährlich werden kann. Die
Orientierungstafel erläutert die Umgebung bis zu 60 km Entfernung. Der Berg ist das geographische Zentrum des Département
Saône et Loire und liegt auf der Wasserscheide zwischen dem
Mittelmeer und dem Atlantik, zwischen der Saône, deren
Wasser gen Mittelmeer fließen und der Loire, die in den Atlantik
mündet.

Hinckelsteine ohne Wildsäue

Wir fahren den Berg wieder hinunter. An der Kreuzung der
D 164 mit der C105 ist ein Rasenstück mit modernen Hinckel-
steinen angelegt. Die machen sich ganz gut. Es fehlen nur
noch die saftigen Wildschweine. Wir setzen unsere Fahrt fort in

Richtung MONTCEAU-les-Mines auf der D 164, nach rechts in die D 980.

Wir kommen bald nach **MONTCEAU** rein. Die Straße führt durch ein breites Freizeitgelände mit einem See als Mittelpunkt. Rechts der Straße tut sich ein kleines Waldstück auf. 100 m bevor auf beiden Seiten der Straße der See von Plessis anfängt, führt ein Weg an den Waldrand. Dieses Plätzchen bietet sich als Übernachtungsstelle an. Gegenüber, auf der linken Seite der Durchgangsstraße D 980, ist zwischen Straße und See ein langer Park- und Gehwegstreifen zu sehen. Ein Fußweg geht um den ganzen See. Darauf wird eifrig gejoggt. Auf der anderen Seeseite schließen sich große Wohngebiete mit Blocks und Hochhäusern an. Auf dem See tummeln sich Surfer. Vom See in Richtung centre ist rechts nach 300 m ein großer Supermarkt (Casino) mit Tankstelle.

Kumpel und Kohle

Wir fahren weiter nach BRANZY, einem Vorort von MONTCEAU. Dort befindet sich das Bergwerkmuseum, das musée de la mine, das in BLANZY ausgeschildert ist. In BLANZY muß man an einer Ampelanlage nach links. Der 22 m hohe Förderturm ist bald zu sehen. Vor dem Museum gibt es nicht viele Parkplätze. Die Grube wurde von 1857 bis 1881 ausgebeutet. Die Museumsinitiatoren haben den Schacht und einen Stollen von 130 m wieder originalgetreu hergestellt. Der

Zugbrücke in MONTCEAU-les-Mines

Eintritt beträgt für Erwachsene FF 15, für Kinder unter 10 Jahre kostenlos. Geöffnet: Sa, So und an Feiertagen 14h30 bis 18h.

157

Förderturm von BLANZY

Wieder zurück zum Kreisverkehr und von dort nach MONTCE-
AU-les-Mines auf der N 70/E 607. Unterwegs sehen wir ein
uraltes Fabrikgebäude. Die N 70 ist eine dreispurige Schnellstraße. Wir fahren ins Zentrum von MONTCEAU an die Bourbince. (Zurück zum See (Lac) Plessis geht es Richtung
CLUNY/ D 980).

158

Im Zentrum von MONTCEAU-les-Mines parken wir gegenüber dem Rathaus. Der Parkplatz grenzt an den Canal du Centre. Parallel dazu fließt die Bourbince, die 72 km lang ist und in den Arroux mündet. Ihr Tal und Wasser wird zeitweilig vom Canal du Centre genutzt. Die Stadt hat 27.000 Einwohner und ist wie BLANZY ein Produkt der Kohlevorkommen des Bekkens von BLANZY. Die Ausbeutung der Kohle begann 1833. Die Stadt wurde offiziell erst 1856 gegründet. 1969 überschritt die Förderung 2 Millionen Tonnen. Heute reicht es gerade zu 300.000 Tonnen. Insgesamt 800 Menschen arbeiten in der Kohleförderung. In den Jahren seit 1965 wird verstärkt versucht, von der Monostruktur Kohle wegzukommen. Neben Kranbau, Industrieansiedlung von Michelin und Bosch haben sich Betriebe niedergelassen, die T-Shirts, Plastikflaschen etc herstellen. Die Sanierung einiger Kohlegebiete schuf Freizeitparks. In Zukunft sollen die Kohlereviere, die noch immer ausgesprochen häßlich aussehen, weiter saniert werden.

100 m kanalaufwärts vom Rathaus aus gibt es eine alte, eiserne Straßenbrücke, die hochgezogen wird, wenn ein Schiff im Anmarsch ist. Die Brücke sieht gut gepflegt aus und ist voll in Betrieb. Wir verlassen MONTCEAU-les-Mines, über diese Zug-Brücke, Richtung TOULON, fahren über Sanvignes-les-Mines, am Ortsende nach rechts auf die D 419. Die D 419 ist ein kleines, bisweilen idyllisches Sträßchen. Die Bescheidenheit des Weges könnte die Vermutung nähren, daß er der falsche ist. Dem ist nicht so. Dann kommt die D 985, nach rechts.

Buddha in Burgund

In TOULON nach rechts Richtung Étang-sur-Arroux/ AUTUN auf der D 994. 7 km bis zu dem Dorf La BOULAYE. Wir überholen einen gelbbedreßten Radfahrer. Eine Getreidefabrik mit großen Silos unterbricht rechts die Landschaft. Wir durchfahren La BOULAYE. In der Ferne sieht man bereits auf der rechten Seite den buddhistischen Tempel. Ein Schild mit gelber Schrift weist auf das Heiligtum hin. Es trägt den Namen „temples des mille bouddhas", Tempel der tausend Buddhas. Die Mönche haben ein Schloß aus dem 17. Jahrhundert mit Anwesen gekauft und ihre Bauten in die grüne Wiese reingesetzt.

Kalou Rimpotche was here

Am Rande des 2 qkm Geländes sind zahlreiche, kleine Garten- und Ferienhäuser aus Holz aufgestellt. Sie dienen als

Kleiner buddhistischer Tempel

Klause für die Ruhesuchenden. Der Mittelpunkt ist ein großer, farbenprächtiger Tempel mit Stufendach. Ganz wie aus dem Märchenbuch, fast noch faszinierender. Ringsum wehen in einem weiten Halbrund bedruckte Fahnen in verschiedenen Farben. Hinter dem Tempel steht ein farbiger Häuserblock. Weiter entdecken wir noch eine Art Kapelle am Rande des Tempelbezirkes. Im Französischen wird mit „temple" Tempel eine nichtkatholische Kirche bezeichnet, also auch eine protestantische. Eine Tafel stellt die Anlage vor: Kagyu Ling, so der Name, ist ein Zentrum für Studien und Meditation des Vajrayana-Buddhismus und seiner Schule Dhakchanc Kagyu. Sie wurde 1974 durch seine Heiligkeit Kalou Rimpotche begründet. 1977 hatte seine Heiligkeit der XVI. Karmapa die Tempel-Stätte gesegnet. Sie wurde am 22. August 1987 durch seine Heiligkeit Kalou Rimpotche und durch den ehrwürdigen Bokar Tulkou geweiht. Es sind wohl keine Leute aus der unmittelbaren Umgebung von TOULON. „Möge sie (die Stätte) beitragen, allen Menschen zu helfen und den Frieden in der Welt herzustellen", so der abschließende Wunsch auf der Tafel. An den Außenwänden der Gebäude glitzert viel Gold oder Goldfarbenes. Blau, gelb und rot sind weitere vorherrschende Farben. Nur der Tempel ist zu besichtigen. Die anderen Gebäude nicht. Rauchen ist auf dem Gelände erfreulicherweise verboten. In dem großen Quergebäude hinter dem Tempel ist das Sekretariat, wo man sich zum Besuch anmelden kann. Der Tempel ist Mi, Sa und So 14h30-19h00 außerhalb der Schulferien geöffnet. Das Geschäft 14h30-19h00 alle Tage. Die Besichtigung des Tempels ist kostenlos, es wird allerdings eine Spende erwartet. Der Eintritt ist also frei, der Austritt kostet. Dieser Brauch ist nicht sonderlich originell. Man kann das Tempelinnere außerhalb der Besuchszeiten von der Galerie ansehen. Links und rechts vom Haupteingang des Tempels gehen Treppen hoch auf die Galerie. Von dort hat man durch die Fenster einen ganz guten Blick zu den großen goldfarbenen Buddhafiguren im Innern des Tempels, die im Licht von zahllosen Kerzen sitzen. Überhaupt scheint Gold die Normalausstattung zu sein. Wie meinte Goethes Teufel, die Kirche habe schon viel geschluckt, ohne sich zu den Magen verdorben zu haben. Das Armutsgebot hört offenbar bei der Institution auf.

Die Personen auf dem Gelände, die wir sahen, waren alles Europäer mit einem etwas verklärten Blick. Der scheint ein Markenzeichen mancher Sekten und selbstberufener Heilschristen religionsübergreifend zu sein. Da laufen wahrscheinlich manche permanent über's Wasser. Der Aufgang zu dem Tempel ist repräsentativ gestaltet. Wie bei vielen christlichen Kirchen - und Fernsehshows - ist das Phänomen der Treppe, die der Pilger hinaufgehen muß, sehr gut in die Anlage eingebaut. Wenn der kleine Wanderer die Treppe emporgestiegen ist, wird sein Blick zum Eingang des Tempels durch eine halbkreisförmige Mauer versperrt. Aus deren Rückseite fließt und sprudelt Wasser heraus. Wasser ist in der Religionsausübung als Lebensquell wohl in allen Religionen bedeutend.

Hören, Nachdenken, Meditieren

In KAGYU-LING bemühen sich die Lamas und ihre Helfer die 3 Ziele des Buddhismus zu verwirklichen: Hören, Nachdenken, Meditieren. Das Zentrum wurde 1974 eröffnet. Der Tempel ist der einzige in Europa. Jedes seiner Elemente hat eine symbolische Bedeutung. Die drei Ebenen symbolisierten den Körper, das Wort und den Geist Buddhas. Das Zentrum bietet ein Studium von 3 Jahren und 3 Monaten an, um sich in Meditationen einzubringen. Zurück nach TOULON. In der Ortsmitte nach rechts Richtung~ LUZY. Nach TOULON scharf links nach ISSY-l'Évêque. Das ist die D 42. Wer Interesse an einer Motocross-Bahn hat, soll noch 300 m weiterfahren in Richtung LUZY. Da zeigt dann ein Schild nach links zu einer schon von Ferne zu sehenden Motocross-Bahn, einen circuit international de motocross. Die Strecke nach LUZY ist übrigens Teil der route buissonnière, der Straße im Busch. Falls Sie Interesse an der Vorgeschichte haben, fahren Sie nach 7 km links ab auf die D 255 zum Mont Dardon in der Nähe des Dorfes UXEAU. Der Gipfel des Mont Dardon ist von der Jungsteinzeit vor 5.000 Jahren bis zum Mittelalter von Menschen genutzt worden. Noch heute kann man den Verlauf eines vermutlich keltischen Walls erkennen, der um die Bergkuppe herumführte. Im Museum Tour de LUZY in ISSY-l'Évêque sind die Ausgrabungsergebnisse zu bewundern.

Uran und Schafzucht

In **ISSY l'Évêque** erkennen wir ein romanisches Kirchlein aus dem 11. Jahrhundert. Im Ortskern ist ein großer Platz mit Lebensmittelgeschäft. An den Platz grenzt ein burgähnlicher Komplex. Der Campingplatz ist über die D 42 in Richtung BOURBON-Lancy erreichbar. Kurz vor dem Dorfende geht es nach rechts. Der Platz ist ausgeschildert und liegt im Wald an einem See. Die Anlage ist das Freizeitzentrum des Ortes mit Imbißbude, Bänke, Tische, Minigolf, Toilette, Wasserstelle, Badestrand, Schwimmbecken und Parkmöglichkeiten. Der Parkplatz bietet sich als Übernachtungsstelle an. Die Freizeitanlage ist erst 1989 entstanden. Die Gemarkung von ISSY umfaßt 7.112 ha und ist eine der räumlich größeren Gemeinden des Département Saône-et-Loire. Die Landflucht hat spürbar zugeschlagen. In den letzten 100 Jahren hat sich die

Buddhistischer Tempel in Burgund

Einwohnerzahl auf jetzt 1.020 Einwohner halbiert. Die örtliche Landwirtschaft betreibt fast nur noch Aufzucht der Charollais-Kühe. Einige Schafe relativieren die Kuh-Dichte nur leicht. Während es 600 ha Wald gibt, werden 1.100 ha beackert und 5.000 ha von den Vierbeinern beweidet. Der Weinbau ist praktisch verschwunden. Weitere wirtschaftliche Aktivitäten beschränken sich auf einige Handwerksbetriebe. Auf der Gemeindemarkung wurde Uran entdeckt und ausgebeutet. Doch scheint dies zum Erliegen gekommen zu sein.

Wache für Buddha

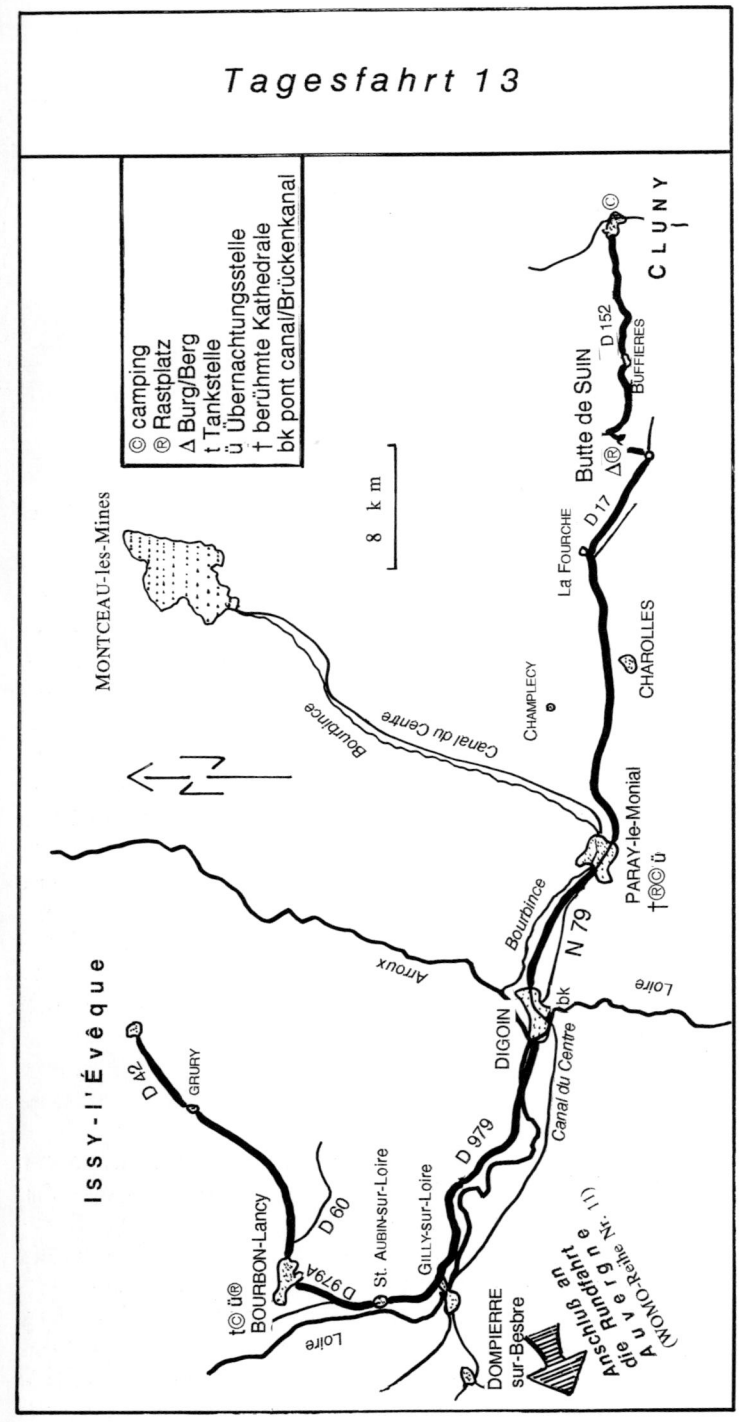

Tagesfahrt 13

© camping
® Rastplatz
Δ Burg/Berg
t Tankstelle
ü Übernachtungsstelle
† berühmte Kathedrale
bk pont canal/Brückenkanal

8 km

CLUNY

D 152

BÜFFIERES

Butte de SUIN

Δ®

D 17

La FOURCHE

CHAROLLES

CHAMPLECY

MONTCEAU-les-Mines

Bourbince

Canal du Centre

PARAY-le-Monial
†®© ü

N 79

Arroux

Bourbince

DIGOIN

bk

Canal du Centre

Loire

Issy-l'Évêque

D 42

GRURY

BOURBON-Lancy
t© ü®

D 60

St. Aubin-sur-Loire

Loire

D 979A

Gilly-sur-Loire

D 979

DOMPIERRE
sur-Besbre

Anschluß an
die Rundfahrt e
A u v e r g n e 11)
(WOMO-Reihe Nr. 11)

ISSY-l'Evêque - CLUNY

Strecke: BOURBON-Lancy *GILLY-sur-Loire *
DIGOIN * PARAY-le-Monial * La Fourche *
BUFFIERES * CLUNY

Entfernung: 120 km

Besichtigen: PARAY-le-Monial 1h, CLUNY 1h

Übernachten: CLUNY Camping

**Lebensmittel/
Tanken:** PARAY-le-Monial (2 Supermärkte)

Die kleine Somme

Vom Camping auf die D 42 nach rechts in Richtung
BOURBON-Lancy. Wir verlassen ISSY und sehen rechts noch
einen großen Kieshaufen. Der letzte, prägende Eindruck von
ISSY. Wir,. überqueren einen größeren Bach, die Somme.
Nicht zu verwechseln mit der großen Somme in Nordfrankreich.
Die kleine Somme fließt nur 30 km weit und mündet in BOUR-
BON-Lancy in die Loire. Am Straßenrand rostet ein alter Pflug
vor sich hin. Bei GRURY grüßt von oben ein verfallener
Burgturm, quasi der Totenschädel der alten Ritterschaft. Die
Landschaft wird empfindlich durch einen eiligen LKW-Fahrer
gestört, der auf Zentimeter auffährt. Just in time, just im Stau.
Mancher Manager denkt halt bloß bis zum Fabriktor. Aber
immerhin. Vom Gehalt her reicht das ja auch. Die Produktion
hat Vorfahrt, wir lassen den LKW vorbei.

Gegen Rheuma und Kreislauf

Wir kommen auf die D 60 und BOURBON-Lancy taucht
mit seiner zweitürmigen Kathedrale auf. Hohe Pappeln säumen die Straße. Die Kirchtürme sind nicht die einzigen, die
aufragen. Ein Wasserturm tut das seinige, um die Gruppe der
Nutzbauten gebührend zu vertreten und die Stadtsilhouette
nachhaltig im Proporz zu beeinflussen. In BOURBON-Lancy
sind in Richtung MOULINS zwei Supermärkte mit Tankstelle
angesiedelt. Die Stadt mit 6.550 Einwohnern hat natürlich ein
Freibad und ist die Partnerstadt von SAARWELLINGEN, einer

Freizeitgelände mit See (plan d' eau) von BOURBON-Lancy

Stadt im Saarland mit ca 10.000 Einwohnern. Wir peilen die Ortsmitte centre-ville an, nachdem wir an der Kirche St. Nazaire das Fahrzeug abgestellt haben. Das Zentrum ist bescheiden. Der kleine Platz wird als Parkplatz benutzt. BOURBON-

Lancy verdient sein Geld mit dem Kurbetrieb, Rheuma- und Kreislaufbelastete. Eine Motorenfabrik bietet über 1.000 Arbeitsplätze. Alte Patrizierhäuser mit Fachwerk und ein Torturm mit Uhr sind einige der Sehenswürdigkeiten der Stadt.

Wahrheit im Wein aber Weisheit im Wasser

Ein Holzhaus in der Altstadt ist nach der Klatschtante der Versailler Hofgesellschaft des 18. Jahrhunderts, der Mme de Sévigné benannt. Geworben wird für ein Militärmuseum für französische Uniformen von 1830 bis 1914. Beim Herumspazieren fällt uns ein Spruch auf, der von der Anti-Wein-Mafia stammen könnte: „in vino veritas sed aqua sapientia" Im Wein liegt Wahrheit, aber im Wasser die Weisheit. In manchen Gegenden würde so etwas als Gotteslästerung aufgefaßt werden. Wo schon Wein und Wahrheit eigentlich kein Paar sind. Denn wer von den Traubenalcoholics will etwas von der Wahrheit wissen, zumal von der eigenen? Aber als Verpakkung für Wein ist die Wahrheit recht schick. Um BOURBON-Lancy führt streckenweise die alte Befestigungsmauer. Wir

Einkauf in BOURBON-Lancy

durchschreiten ein Tor der Stadtmauer und machen einen Spaziergang um einen Teil der alten Stadt auf der rue des tours, der Straße der Türme. Die Mauern werden genutzt für Wohnhäuser, Lagerräume und Garagen. Es sind, wie wir auch schon in den anderen Orten bemerkt haben, Parkplätze für Behinderte eingerichtet. Am Zebrastreifen - nicht nur in BOURBON - sind die Autofahrer nicht sonderlich zurückhaltend. Hier muß man klar und deutlich Zeichen geben.

An einer Tankstelle entdecken wir den Hinweis in deutsch: „Fahrräder zu vermieten". Ob da ein Saarwellinger sprachlich mitgestrickt hat? In BOURBON findet sich sogar eine Video-Bar mit großem Bildschirm. Im Stadtteil St. Prix ist das Freibad und der Campingplatz. Im Anschluß an den Camping ist eine großzügige Freizeitanlage mit See, Badezone, Holzbrücke, Spazierwegen und Seerestaurant. Die Parkbereiche am See sind als Übernachtungsstelle geeignet. Zwischen Seeufer und Supermarkt/Tankstelle (maxi-marché) ist ein WC mit Wasserstelle. Die Tankstelle hat eine Waschanlage. Das Freizeitgelände ist auch über den Wegweiser Richtung DIGOIN zu finden. Vor dem Supermarkt maxi-marché geht es dann nach links zum See.
Wir verlassen bei Sonnenschein BOURBON-Lancy. Auf die D 979A in Richtung DIGOIN. An den Straßenseiten stehen große Ahornbäume. Wir streifen noch ein - wie man so sagt - gut bürgerliches Wohnviertel mit schönen Gärten und altem Baumbestand. Die Stadt verabschiedet sich mit „bonne route". Wir fahren über einen Schienenstrang der SNCF und biegen in die D 979 in Richtung DIGOIN ein. Bei der Bahn handelt es sich nicht um den TGV.

An der Loire

Rechts der D 979 fließt die Loire. Sie wird uns bis DIGOIN begleiten. Auf den Wiesen weiden Schafe. Wir passieren St. AUBIN-sur-Loire, an der Loire. Am Ortseingang bittet ein Schild: „Protégez nos enfants", schützen Sie unsere Kinder. Gemeint ist allerdings wohl nicht, daß dafür jede alte Oma freigegeben ist. Zu St. AUBIN gehört ein alltäglich wirkendes Schloß, das ohne unsere Besichtigung weiterexistieren muß. Hinter uns drückt eine Dame aufs Pedal und kann überholen. Eine Freude, wir sehen uns bei der nächsten Ortsdurchfahrt. Die Lust, weniger die Kunst, am Überholen ist hierzulande recht spürbar vorhanden. Mittlerweile wechseln wir die Bahnseite. Eine alte Eisenbahnbrücke führt über uns hinweg. Es ist die Strecke nach MOULINS in der Auvergne. Die Loire ist hier die Grenze zur Auvergne und zu derem nördlichem

Département Allier.

Kombination mit der Auvergne-Rundfahrt

Ein Wegweiser zeigt die Richtung nach DOMPIERRE-sur-Besbre/MOULINS auf der N 79 an. Man kann sich jetzt in die Auvergne-Rundfahrt (WOMO-Band 11) in die Tagesfahrt 3 nach MOULINS einklinken und nach erfolgter Runde aus der gleichen Tagesfahrt 3 aus Richtung VICHY ausklinken, die D 480 nach DOMPIERRE-sur-Besbre nehmen und von dort an die Loire bei GILLY-sur-Loire auf die D 979 in die Tagesfahrt 13 der Burgund-Rundfahrt gelangen.

Der Umweltschutz wird unterschiedlich groß geschrieben. Überall stehen Container, Abfalleimer und Mahnschilder, aber gleichzeitig rosten alte Fahrzeugwracks am Straßenrand wie hier bei GILLY oder auf einer Wiese vor sich hin. Die D 979 wird von Pappeln gesäumt. Die Loire ist ein bißchen nach Süden ausgewichen und hat dazwischen Wiesen und Weideflächen gelassen. Das ist natürlich auch ein klassisches Überschwemmungsgebiet der nicht so harmlosen Loire. Die letzten Kilometer vor DIGOIN fließt die Loire nahe der Straße in Gegenrichtung Atlantik vorbei. Die Landschaft wirkt mild und sanft. La douce France, das milde Frankreich, hier ist ein Teil davon.

Wann kommen die Fordwitze

Die D 979 hat einen durchgehenden Mittelstreifen. Das heißt, der Verkehr ist nicht ohne. Ein Fahrer im roten Ford überholt uns und schwenkt verachtungsvoll auf die Spur zurück. Es gibt Mercedeswitze, Mantawitze, aber wann kommen die Fordwitze? Eine Marktlücke. Die zügige D 979 mit dem weiten Tal der Loire ist insgesamt eine freundliche Abwechslung zu den kurvigen und zwergigen Straßen im Morvan. Mitten auf einer Wiese wacht eine Vogelscheuche. Die Bimmelbahn links wird zweigleisig.

Die D 979 ist jetzt aufgeschüttet. Um den Überschwemmungen zu entgehen, führt sie den Verkehr einige Meter oberhalb der Loire, die rechts unten fließt. Die Straße wird enger. Die LKW werden größer. Leider entdecken wir keinen Rastplatz. So ist der Fluß nur vom fahrenden Gefährt aus zu genießen. Wir überqueren den Arroux, der anschließend in die Loire mündet. DIGOIN erwartet uns, hoffen wir jedenfalls. Die Stadt verfügt über eine bedeutende Keramik- und Porzellanindustrie und nennt sich deshalb Hauptstadt der Keramik, capitale de la céramique. An der ersten Ampelanlage ist ein Schild Camping/ piscine nach rechts in Richtung VICHY. Zum Camping muß man aber dann gleich wieder nach rechts und nach 600 m sind wir am Freibad und dem Camping. Eine Stelle zur freien Übernachtung sehen wir nicht. Zwischen Kreisverkehr und Camping ist zwar ein Platz mit WC und Waschstelle für Übernachtungen von Touristen ausgewiesen, aber dort bemerken wir nur Zigeuner/Landfahrer, in Frankreich spricht man von Nomaden oder Reisenden (gens du voyage).

Arroux und Bourbince fusionieren mit der Loire

Zurück zum Kreisverkehr. Auf die N 79 in Richtung MACON/ CHALON. Die Straße ist von zwei Lärmschutzwällen eingerahmt. Lärmschutzwälle sind in Frankreich relativ selten. DIGOIN macht einen südländischen Eindruck. Eine kleine Stadtrundfahrt zeigt uns das Rathaus mit einem sehr gepflegten Rathausvorplatz. Am port de plaisance, das ist der Hafenbereich von DIGOIN, sind Übernachtungsplätze am Canal du Centre. Der Port de Plaisance ist ausgeschildert. In DIGOIN fließt zusammen, was in der Gegend zusammengehört: Der Arroux und die Bourbince münden in die Loire. So gibt es reichhaltig Uferwege. Eine Kanalbrücke, pont-canal, transportiert die Schiffe über die Loire und verbindet zwei Stücke des Canal du Centre. Wir verlassen DIGOIN auf der N 79. Vor uns stinkt ein LKW. Wir kommen an einen Kreisverkehr, den wir in Richtung CHALON bewältigen.
Weiter in Richtung PARAY-le-Monial auf der N 79/E 62. Die Strecke ist ziemlich gerade mit rötlichem Asphaltbelag und weist zu beiden Seiten einen alten Baumbestand auf. Die Bäume stehen nicht unmittelbar am Straßenrand, wirken dennoch nicht sehr anziehend. Der Charakter einer National/ Europastraße wird durch zahlreiche LKWs massiv unterstrichen. PARAY-le-Monial kündigt sich mit mehreren Plakaten an und empfiehlt seine Sehenswürdigkeiten. Uns wollen Camping, Schwimmbad und Kathedrale erwarten.

PARAY, das kleine CLUNY

Wir fahren ins Innere von PARAY-le-Monial hinein. Die Stadt hat knapp 10.000 Einwohner und wird stolz das kleine CLUNY genannt. Ihre deutsche Partnerstadt ist seit 1966 Bad DÜRKHEIM in der Pfalz. 1973 feierte die Stadt ihr tausendjähriges Bestehen. Wir überqueren den Canal du Centre. Der Gemeindecamping ist in der Nähe des Kanals großzügig angelegt. Bei der Fahrt ins Zentrum passieren wir mehrmals

170

Basilika in PARAY-le-Monial

Schwellen zur Erinnerung an Tempo 30. Während der Mann eines uns gutbekannten französischen Ehepaares derlei Hindernisse behutsam meistert, fährt seine Gattin mit dem Temperament des Midi das gleiche Auto volle Kanne drüber. Dabei ist der Gatte - versteht sich - nicht im Auto.

In der Nähe der Basilika, der Basilique du sacré Cœur, ist ein weiträumiger Parkplatz angelegt. An diesen schließt sich ein Busparkplatz an. Zum Kanal hin ist ein Park eingerichtet. Parkplatz/Freizeitgelände eignen sich als

Spielplatz in PARAY-le-Monial

Übernachtungsplatz. Im Sommer allerdings etwas überlaufen. Zur Basilika sind es nur noch 200 m. Wenn man vor der Basilika steht, so sind in dem linken, einstöckigen Gebäude neben der Kirche Toiletten zu erkennen.

Wir gehen zur Basilika und kommen nach 20 m an die Bourbince. Während auf unserer Seite eine reizvolle Grünanlage mit Uferweg geschaffen wurde, baut sich am gegenüberliegenden Ufer recht imposant die Basilika mit Seitengebäuden

172

auf. Wie eine Festungsmauer erst durch einen zünftigen Wassergraben zur Geltung gelangt, so verleiht die Bourbince unserer Basilika zusätzliche Wirkung. Von der nächsten Brücke in Richtung Stadtmitte aus kann die kirchliche Respektsdame sogar im Wasser als Spiegelbild bewundert werden.

Genervt

Die Umgebung der Kirche ist sehr gepflegt. Ein Gartengürtel ist zwischen Volk und Gebäude gelegt. Selbstverständlich säumen Bäume den Kanal. Einzig weltlich hat sich ein Parkplatz vor die Basilika gedrängt. Aber das ist das Konsumentensyndrom. Dafür joggt man/frau wieder einige Camel-Meilchen. Eine Grundschulklasse lärmt in geordneten Reihen der Kirche zu. Am Portal legt sich eine Art Anflug von Ruhe über die Rasselkolonne. Zwei halbwegs genervte junge Damen begleiten die Jugend. Für so Sechs- bis Siebenjährige

Angleridylle in PARAY

muß eine so lche hohe Kirche als etwas Außerirdisches zu ihrer Welt erscheinen. Die kleinen Herrschaften irren leicht verloren in dem unheimlichen, kirchlichen Halbdunkel herum

173

und verkosten die Erläuterungen der Begleitdamen vermutlich in ungläubigem Schauen. Wir schließen uns ihnen an und stellen einen befruchtenden Gegensatz fest. Die quirligen Kinder und die große, mächtige, unbewegliche Binnenlandschaft des Monumentalbaus, der Geschmack, Kunstrichtung und Weltbild längst verstorbener Menschen wiedergibt. Er ist mehr dem Tod oder seiner Erwartung als dem Leben und seiner stets wiederkehrenden Geburt und Zukunft geweiht. Vielleicht sollten in solchen riesigen Totengruften zur Abwechslung mal weniger Gesänge und feierliche Gottesdienste abgehalten werden, sondern Kinderfeste mit Lärm, Geschrei, viel Ketchup, Pommesohne allesverstehenden aber nichtsverkraftenden Kirchengemeinderäten/innen und Priestern.

Eine Kirche wird befördert

Beim Rundgang durch die Basilika bemerken wir Stationstafeln, die aufschlußreiche Erklärungen zu Stein und Kunst abgeben. Sie teilen sogar mit, wann welches Licht in die Kirche fällt. Die hohen Fenster veranstalten in der künstlichen Dunkelheit ein faszinierendes Spiel mit Licht und Farbe. Dabei muß jedoch die Sonne voll mitspielen. Sie wirft vor allem aus Süd und West ihre Kraft in die menschgeschaffene Finsternis. Die Kirche wurde im 11 . und 12. Jahrhundert unter dem Einfluß von CLUNY gebaut. Den Anstoß gab damals der Heilige Hugo, Abt von CLUNY. Zum Teil arbeiteten dieselben Handwerker und Bauleute in PARAY und CLUNY. Vom 26. April bis zum 10. Oktober 1992 wurde das 900 Jahres-Fest der Basilika mit Vorträgen, Ballonstarts, Fallschirmabsprüngen - den umgedrehten Himmelfahrten - etc. gefeiert. Der Unterschied von Kathedrale und Basilika liegt in der Betonung des romanischen oder sogar römischen Ursprungs einer Basilika. Für PARAY ist die Bezeichnung Basilika jedoch ein Dienstgrad. Papst Pius IX. verlieh ihn an die Kirche im Jahre 1870. Ortsheilige ist die Nonne Marguerite-Marie Alacoque aus dem 17. Jahrhundert. Sie hatte Visionen und wurde im 19. Jahrhundert seliggesprochen und seit 1920 ist sie eine Heilige. Dem Geschäft mit den Pilgern schadet dies bestimmt nicht.

Wir spazieren weiter zum Zentrum der Stadt, zum Renaissance-Rathaus. Unterwegs streifen wir ein hübsch renoviertes Patrizierhaus im Stil des Klassizismus. Eine Geschwindigkeitsbegrenzung von 20 km/h läßt die Vorstufe einer Fußgängerzone ahnen. Das mag ein Kompromiß im Gemeinderat gewesen sein, wo dann jeder gewonnen hat. Wir erreichen den Tour St.-Nicolas, den Nikolasturm, das maison Jayet, das heute als Rathaus dient. Wir schlendern durch eine schmucke

Fußgängerzone. Das Angebot ist angesichts der Anziehungs-
kraft der Basilika natürlich auch touristisch ausgerichtet. Eine
farbig drapierte junge Dame fällt auf. „Nicht billig, nicht für

Schul-WC im Hof in Mont St.-Vincent

jeden, aber äußerst lecker" hat einmal eine ähnlich farbfreudi-
ge Dame auf ihre Gewänder gedruckt, jedoch auf chinesisch.
Als Vorlage diente die Speisekarte eines China-Restaurants.
    Wir gehen über die Bourbincebrücke und genießen von
dort den Anblick der Basilique du Sacré Cœur. Von der Brücke

lassen sich herrliche Fotos machen. Die Basilika spiegelt sich in der Bourbince. Wir gehen an dem Ufer der Bourbince mit den prächtigen Weidenbäumen und nostalgietümelnden Lampen zum Parkplatz zurück. Für die Besichtigung von PARAY ohne café-Nutzung benötigt man mindestens eine Stunde.

Die Stadt hat übrigens auch eine recht bekannte Pferderennbahn an den Ufern des Flusses Oudrache. Dort werden von März bis September jährlich 8 Rennen veranstaltet. Jeden Freitagmorgen ist Markt. Also nicht nur Kirchen und Pilger.

Wölfe fressen Herzogsreste

Wir fahren aus der Stadt heraus. Alte Ahornbäume schmükken die Zufahrt D 248 zur Nationalstraße in Richtung CHAROLLES/MACON.
Die Landschaft wirkt zersiedelt. Die N 79 ist jetzt eine lange Gerade, führt aber über Berg und Tal. Wir sehen das Eisenbahnviadukt von CHAROLLES, der Stadt Karls des Kühnen, an der wir links vorbeifahren. Karl der Kühne, 14331477, war ab 1467 Herzog von Burgund. Er fiel in einer Schlacht vor NANCY und wurde anschließend von Wölfen gefressen. Nach seinem Tode fielen die Kernlande Burgunds an Frankreich, der östliche Teil an das Deutsche Reich.

Hauptmann der Musketiere des Königs

Nach links zeigt ein Wegweiser auf der Höhe von CHAROLLES zu dem 4 km entfernten CHAMPLECY. Dieses Dorf beherbergte im 17. Jahrhundert Anne-Charlotte de Chancely. Sie heiratete Charles de Batz de Castelmore d'Artagnan. Dieser war Hauptmann bei den Musketieren des Königs Ludwigs XIII. Alexandre Dumas machte sich und den Hauptmann d'Artagnan durch den Roman „Die drei Musketiere" berühmt.

Butte de SUIN

Ein Wegweiser meldet uns die Richtung zu unserem Tagesziel, der Stadt CLUNY. 8 km nach CHAROLLES geht unser Weg nach links ab. Es steht dort ein Schild „MACON par route touristique", Touristenstraße nach MACON. Zunächst Richtung St. BONNET-de-Joux. Wir durchfahren nach 1 km ein Dorf namens La FOURCHE. Auf der D 17 weiter in Richtung CLUNY. Es wird wieder ländlich sittlich, zumindest ländlich. Wir sind jetzt in dem Dorf MONT. 100 m nach dem Ortsschild links nach SUIN/Butte de SUIN. Da wollen wir hin. Die Straße ist klein. Vor uns erhebt sich ein Hügel mit einer Kirche auf der

Spitze. Das ist die Butte de SUIN, die Höhe von SUIN. Das Sträßlein streift Gehöfte und schraubt sich nach oben. Die Strecke ist für Gespanne nicht sonderlich geeignet doch fahrbar. Man fällt immerhin auf damit. SUIN ist das Dorf auf der Höhe. Am Ortsrand steht eine kleine Schule mit Hof. Dort führt die junge Volksschullehrerin Marie Jo Auclair ein interessantes Ergänzungsprogramm mit den Grundschülern durch. An zwei Nachmittagen der Woche beschäftigen sich die Kinder nach Wahl mit Legotechnik, Kochen, Basteln, Brandmalerei, Schneidern, Schreibmaschinenschreiben, Informatik, Perschrift, Trampolinspringen, Korbmachen usw. Dabei wird sie von Eltern und Großeltern der Kinder aktiv unterstützt.

Wir erreichen den Dorfplatz des 100 Seelenortes. Die ro- manische Kirche stammt aus dem 12. Jahrhundert. An der Stützmauer der Kirche, die den Marktplatz begrenzt, erinnert eine Tafel an den Tod des Bürgermeisters. Er fiel hier gegen die Wehrmacht. Zwischen Dorf und Madonna, die jetzt ins Bild kommt und alles überragt, ist eine große (Park)-Wiese. Der Blick fällt von der Anhöhe mit 593 m weit ins Charolais. Man kann seiner Oma in MITTELSDORF/Thüringen (276 Einwohner, 213 Hasen und 10 Kühe) ehemals Sperrgebiet der Grenztruppen, odler in Castrop-Rauxell Nordrhein-Wesfalen zuwinken. Der Felsen SUIN wurde vermutlich schon vor 3.000 Jahren von Menschen besiedelt.

Die D 379 zunächst Rtg St. BONNET abwärts. Nach 1.5 km rechts (Haarnadeleinbiegung) Richtung SIVIGNON. Weiter nach BUFFIERES auf der D 152. Wir durchqueren einen Nadelwald. In einem Gehöft längs Straße hat sich ein Kunsthandwerker niedergelassen. Die ganze Strecke ist landschaftlich reizvoll und kurvig. Über uns Düsenjägerlärm. Die französische Luftwaffe übt Abschreckung. Mit Erfolg. Die Germanen kommen nicht. Wir passieren eine Familie mit Wohnmobil, die gerade Pause macht. Die Steine hier an den Häusern sind insgesamt rötlich.

CLUNY, von der Königin zum Aschenputtel

Wir fahren in das alte CLUNY rein. Der Campingpatz liegt im Gewerbegebiet neben dem Freibad. Mirages jagen schon wieder im Dreierpack über die Gefilde. Auf den Parkplätzen des Freibades kann man über Nacht sein WOMO abstellen. Entsorgungsmöglichkeiten sind in der Nähe jedoch keine vorhanden. Der Parkraum ist in CLUNY sehr begrenzt. Die Enfernungen kann man ohne Marathonfähigkeit zu Fuß bewältigen (zum Zentrum 1 krn). Die Stadt ist mit knapp 5. 000 Einwohnern eine kleine Gemeinde mit großer Vergangenheit.

Wir wandern ins Zentrum durch eine gemischte Fußgängerzone. Die ist zwar offiziell für die Fußgänger, aber die Blechkutscher nutzen sie keck und frech. Die Stadt lebt von und für Touristen. Die Straßencafés reihen sich locker durch die Innenstadt. Von dem großen, die deutschen Kaiser des Mittelalters schreckenden Kloster steht nicht mehr allzuviel. Auch hier gilt, daß Geld und Ruhm vergeht. Die Religionsfundis von CLUNY hatten in den Köpfen der Menschen im 11. und 12. Jahrhundert gewaltig rumort. Sie forderten die Trennung von Kirche und Staat, aber nicht von Kirche und Macht. Vor allem ihr Oberfanatiker Mönch Hildebrand, der 1073 unter abenteuerlichen Umständen Papst (als Gregor VII.) wurde, hatte die Kaiserherrlichkeit kräftig aufgemischt.

Die Kaisermacht wankte

1076 erklärte dieser Papst Gregor VII. den Deutschen Kaiser Heinrich IV. zum Untergebenen, für abgesetzt und bannte ihn. Das bedeutete widerrechtlich den Ausschluß aus der Kirche. Die Fürsten des Reiches ließen ihn im Regen stehen. Heinrich war bei ihnen nicht sonderlich beliebt, hatte er doch manche Fürstenfrau auf seine Lagerstatt geholt/gelassen und galt bis dahin als arroganter Herrscher. Die Herrn nutzten jetzt die Lage, erklärten die Angelegenheit zur Privatsache Heinrichs und waren so die Pflicht los, Heeresfolge zu leisten. Denn eines konnten die Päpste nicht leiden: des Reiches Ritterschaft in der Engelsburg in ROM. Sie stellten dem Kaiser ein Ultimatum, sich binnen Jahresfrist vom Banne zu lösen. Ohne schlagkräftiges Ritterheer wanderte Heinrich mit Familie mitten im Winter nach CANOSSA in Oberitalien. Dorthin flüchtete sich Gregor VII., da er glaubte, Heinrich rücke mit germanischer Heeresmacht heran. Der Papst war gerade auf dem Weg nach Deutschland, um mit den Fürsten zu verhandeln. Heinrich schlüpfte in die Rolle des Büßers und Gregor mußte ihn nach Christenpflicht vom Banne lösen. Das war ein sensationeller Höhepunkt päpstlicher Machtentfaltung. Das hielt nicht lange. Heinrich erholte sich politisch rasch von der Demütigung, marschierte mit Mann und Roß auf ROM, trieb den Gregor in die Engelsburg. Die Normannen, die damals in Süditalien herrschten, halfen dem Papst. Heinrich überließ ROM den Normannen. Die deckten ihre Kosten, belästigten, plünderten gewaltig und zogen ab. Die Römer hatten einen mächtigen Haß auf Gregor. Er flüchtete zu den Normannen und starb vergessen 1085.

Die Historiker und Politiker des 19. Jh. beschäftigten sich intensiv mit dem Mittelalter. Die damalige Vergangenheitsauf-

arbeitung war weniger softy und nicht allerorten wurden Schuld-
bekenntnisse abgegeben. Man lebte nicht, um sich und andere
aufzuarbeiten. Die Niederlage des Kaisers kam nur zustande,
so die allgemeine Auffassung, weil ihm zu diesem Zeitpunkt
die notwendigen Divisionen fehlten, wie Stalin sagen würde.
Keineswegs, weil er irgendwie moralisch schuldig war. Daraus
entwickelte sich das politische Wort: „Nach Canossa gehen wir
nicht". An diese Vorgänge ist CLUNY eng gebunden.

Wie Gregor VII. nur kurz seinen historischen Auftritt hatte,
so versank die seelische und geistliche Macht des Klosters von
CLUNY rasch im Materialismus. Nicht die Seelen zählten,
sondern die Kreuzer. Die Reformer wurden rasch zu dem, was
sie so inbrünstig bekämpft hatten. Die Benediktinerabtei, die
unter Hugo über 2.000 abhängige Klöster mit 10.000 Mönchen
gebot, wurde zum Spielball. Im 14. und 15. Jahrhundert ver-
klang der Einfluß des Klosters völlig. Von da ab wurden die
Schätze geplündert. Die Streiter der Französischen Revolution
von 1789 machten die Klostergebäude zum Steinbruch. Den
Rest haben wir vor uns an dem Platz des 11. August, place du
11 août. Dieses Datum war aber nicht der Geburtstag Gregors
VII. oder als in CLUNY der 1.000ste Mönch durchkam. An
diesem Platz wird kräftig gewerkelt, um die alten Steine ins
rechte Licht und auf die rechte Höhe zu bringen.

Eitle Macht

Wie die ganzen Bauten im Mittelalter aussahen, kann man
sich heute kaum mehr vorstellen. Zwar haben Wissenschaftler
fleißig geforscht und tüchtig Modelle erstellt. Wir lesen, welcher
Abt seine Leute schaffen ließ, aber unser Seelenheil hängen
wir nicht daran. Daß die Jungs (sprich Äbte) maßlos eitel
waren, läßt sich an ihrer Bauwut erkennen. Die Namens-
ergänzungen tun das Ihrige. Da hieß um 1100 zunächst einer
nur mal Hugo. Damit kommt man/frau natürlich nicht weit. Das
ist ja wie Meier oder Müller. Gott sei Dank war der Herr im
französischen Sprachraum. Also wird der Hugo zum Hugues.
Das ist fast wie wenn aus der Brigitte eine Brischitt wird. Doch
in kirchlichen Kreisen ist ein bloßer Hugues auch nur wie ein
Martin Plastik-Frischhaltebeutel beim Adel. Der Familienhalb-
name „Plastik" stammt aus dem produktiv-industriellen Zeital-
ter nach der Wollsockenepoche und vor der Natursocke. Der
Baron schafft das „von und zu". Martin Frisch von Halte und
Beutel Freiherr zu Plastik klingt am Telefon schon anders, und
man hat jetzt bestimmt schon Zutritt zum Pfingsttreffen des
verarmten Reichsadels in der Bahnhofshalle in BADEN-BA-
DEN. Vielleicht winken sogar Rückgaberechte auf Ländereien

Basilika im geschichtsbeladenen CLUNY

zwischen Elbe und dem Ostufer der Wolga. Das ist schon anders als eine Zweizimmereigentumswohnung mit S-Bahn-akustik. Der Hugues in CLUNY muß ähnlich gedacht haben. Er setzte ein schlichtes saint/heilig vor groß Hugo de Semur. So steht man dann in den Geschichtsbüchern und auf Straßen-bezeichnungen. Der Abt Peter aus dem 12. Jahrhundert hat es da leichter. Peter/Pierre nimmt den Namensvater Petrus in Anspruch, den Wendehals vom Garten Gethsemane. Der

Ehrwürdige, le vénérable, Peter der Ehrwürdige, Pierre le Vénérable, kommt noch dazu - nicht zu Unrecht. Dagegen ist ein Ritterkreuz gar nichts und der Große Leninorden nur proletarisches Klimpergeld. Wir laufen an dem Tour des Fromages, dem Käseturm, aus dem 11 . Jahrhundert vorbei. Gegenüber ist ein unübersehbarer Gedenkstein für die Résistance. Was müssen die gekämpft haben, bei so vielen Mahnmalen.

Es ist wohl das Problem der heutigen Stadtverwaltung, die restaurierten Bauten in die eigentlich banale Umgebung zu integrieren.

CLUNY hat neben den Klosterresten einige schöne alte Häuser. Da ist das Museum Ochler. Dort finden wir Häusermodelle, die uns das alte CLUNY veranschaulichen. Im Palais des Jakob von Amboise, ein Renaissance-Bau, befindet sich heute das Rathaus. Welcher Kleinstadtbürgermeister hat so einen prachtvollen Verwaltungssitz? Wir ziehen durch die Fußgängerzone und an den mächtigen Befestigungsmauern aus dem 12. Jahrhundert vorbei zum Campingplatz. Vor diesen Mauern haben Zigeuner ihr Lager aufgeschlagen.

Angeln in CLUNY

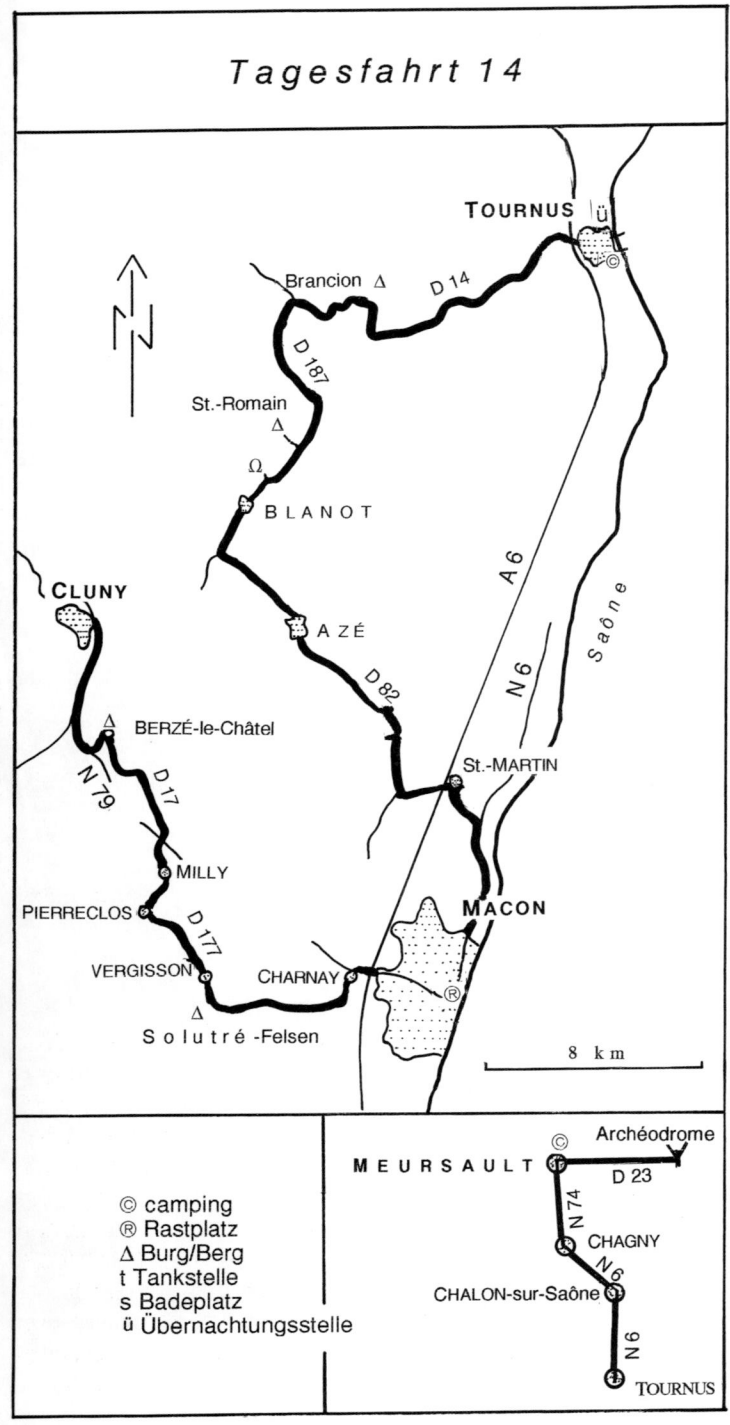

Tagesfahrt 14

TOURNUS ü
©

Brancion △   D 14

D 187

St.-Romain
△

Ω

B L A N O T

A Z É

D 82

CLUNY

BERZÉ-le-Châtel △

A 6

N 6

Saône

N 79

D 17

St.-MARTIN

MILLY

PIERRECLOS

D 177

MACON

VERGISSON

CHARNAY ©

△

S o l u t r é -Felsen

Ⓡ

8 k m

Archéodrome

MEURSAULT ©

D 23

N 74

CHAGNY

N 6

CHALON-sur-Saône

N 6

TOURNUS

© camping
Ⓡ Rastplatz
△ Burg/Berg
t Tankstelle
s Badeplatz
ü Übernachtungsstelle

CLUNY - TOURNUS

Strecke: BERZÉ-le-Châtel SOLUTRÉ *
MACON * AZÉ * TOURNUS

Entfernung: 60 km

Besichtigen: Felsen von Solutré, Höhlen
von AZÉ und BLANOT je 1 h,
TOURNUS 1 h

Einkauf/Tanken: MACON Richtung
CHALONS, TOURNUS in der Nähe des
Campingplatzes

Rundwanderung: Von den Höhlen von
BLANOT zum Mont St. Romain und
zurück, 90 min.

Übernachten: TOURNUS Camping, (Ü)
in
TOURNUS 500 m nördl. der Saônebrücke

Ergänzung s. S. 194: *Archéodrome* 1 h,
dann: TOURNUS noch 60 km über
CHALONS/N6 nach MEURSAULT, Camping.

In die Weinberge

Wir starten in CLUNY in Richtung MACON auf der D 980,
kommen auf die N 79. Die fahren kurz wir weiter Richtung
MACON. Wir verlassen die als Schnellstraße ausgebaute N 79
bei Ausfahrt BERZÉ-le-Château/LILLY-Lamartine nach links.
Kurz vor der Ausfahrt gibt es rechts eine auberge du lac mit
Parkplatz an einem See. Diese Abfahrt ist als „MACON par
route touristique" ausgeschildert. Bevor uns die lieblichen
Weinberge aufnehmen, passieren wir die mächtige Veste
BERZÉ-le-Châtel. Sie beherrscht linkerhand aus respektabler
Höhe das Tal. Ab dem 10. Jahrhundert wurde sie erbaut,
umgebaut, angebaut. Von den Terrassen hat man einen schönen Ausblick und kann nach „Feinden" oder Freunden Aus-
schau halten.

Festung Berzé-le-Châtel

Dichter gegen Napoleon III.

Lamartine (1790-1869), der Dichter und Politiker von MACON, grüßt schon. Wie sagte der Ungenannte: eine Seite Lamartine erspart zwei Stunden Fernsehen oder drei Schlaftabletten. Und ist viel gesünder. Wir gelangen jetzt in das Tal Lamartine, val Lamartinien. Lamartine verbrachte seine Jugend in MILLY, das wir gleich durchfahren. Die Liebe zu einer - verheirateten- kranken, jungen Frau trieb ihn in die Dichtung. Sie starb 1817 an Schwindsucht. Seinen Ausflug in die Politik brachte ihn für einige Wochen in den Wirren der Revolution von 1848 bis zum Außenminister.

Wir fahren vor La ROCHE-Vineuse unter der Eisenbahnlinie des TGV nach MILLY-Lamartine, weiter in Richtung PIERRECLOS. Von Ferne erkennen wir bereits den Felsen Solutré. Die Dörfer machen einen sauberen, aufgeräumten Eindruck. Immer wieder zeigt ein apartes Restaurant, wer hier vorbeikommt. Wir sind inmitten von Weinbergen, den Weinbergen und Weinfeldern des Maconnais. In PIERRECLOS herrscht Tempo 45. Hier reiht sich ein schickes Häuschen an das andere. Wir fahren auf die D 45 Richtung MACON. Wir kommen an einer frisch herausgeputzten Kirche vorbei. Links steht eine Gaststätte mit Heinekenbier. Am Ortsende rechts ab in Richtung VERGISSON auf die D 177. Von rechts oben grüßt uns die romanische Kirche. Wir kommen durch ein kleines Waldstück. Vor uns ragt ein recht ordentlicher Felsen auf, ein Vetter des Solutré. Bald sind wir in VERGISSON. Dieser Ort liegt auf der Weinstraße des Maconnais. Im Ort gibt es gallische Hinckelsteine, die wir aber nicht aufsuchen. Der Größte ist kurz nach der Ortseinfahrt mit ,,Solutré" ausgeschildert.

100.000 Jahre schauen auf uns herab

Ankunft am Parkplatz des Felsen Solutré. Es ist ratsam, rechtzeitig das Fahrzeug abzustellen, denn je näher je unwahrscheinlicher ein freier Parkplatz. Auf dem Felsen klettern Bergsteiger munter herum. Man kann ihn auch normal auf Pfaden besteigen. Der Fels fällt zu einer Seite steil und theatralisch ab, während er zur anderen gegenüberliegenden Seite sich in flachem Gefälle über einen sanften Hinterhang an die Landschaft anschließt. Er ist 495 m hoch. In dieser Gegend wird seit 1866 ausgegraben. Die Wissenschaft vermutet oder weiß - je nach Standpunkt -, daß hier seit 100.000 Jahren Menschen leben. Funde von Knochen, die offenbar von ungefähr 100.000 Pferden stammen sollen, lassen die Archäologen noch Jahre rätseln. Geheimnisse beschaffen Arbeit. Der Felsen war nicht fortwährend besiedelt. Er diente als Zufluchtstätte und, wie im Falle der Pferde, als Möglichkeit, die Tiere über den Abgrund zu jagen. Warum ist keinem klar. Die Römer militarisierten den Berg ebenso wie Herren des Mittelalters. Im nahegelegenen Museum werden archäologische Funde des Solutré und von anderen Orten ausgestellt.

Weiter in Richtung POUILLY durch das Dorf SOLUTRÉ auf der D 54. Schauen wir mal, ob noch ein paar Ehemalige herumspringen. Je nach Gelehrtenmode sind einige der heutigen Erdbewohner deren Nachkommen. So kann es schon sein, daß mancher den Solutré-Felsen in seinem Wiedergeburtsgedächtnis gespeichert hat. Also, falls Ihnen die Ecke bekannt vorkommt. In SOLUTRÉ Richtung MACON. Zwischenzeitlich hat sich da doch manches geändert. Aber wir sind ja auch nicht dieselben geblieben.

Heuss und CHARNAY

Die D 54 führt uns durch DAVAYÉ und CHARNAY-les-Macon. Dies ist die Partnerstadt von BRACKENHEIM, der Heuss-Stadt in Nordwürttemberg. Und Heuss? Ehemaliger Bundespräsident mit 5 Buchstaben. Unterwegs kann man einen kleinen Umweg zum neuen Macon-Bahnhof - MACON-LOCHÉ - des TGV machen (s. Ausschilderung). Der alte Bahnhof von MACON liegt 15 km entfernt. Wer dort ankommt und mit dem TGV weiterfahren will - oder umgekehrt - muß mit dem Taxi zum anderen Bahnhof. Die D 54 geht über in die N 79 an CHARNAY vorbei, und wir fahren nach MACON ein. Die Stadt macht einen südländischen Eindruck. Sie liegt im breiten Saônetal. Die Saône wird hier auch für Wasserrennsport genutzt und hat am Ufer eine eigene Tribüne. In MACON ist in

Kletterer am Solutré-Felsen

den letzten 10 Jahren sehr viel gebaut worden. Die Stadt zählt 39.000 Einwohner und ist durch Wein bekannt/berühmt. Auf dem Weg in die Stadtmitte, die an der Saône liegt, begleiten uns hohe Pappelbäume. Wir fahren auf einen großartigen

Zweibeiner auf Zweiräder in MACON

Springbrunnen zu, der inmitten eines Fahnenkreises - MACON international - angelegt ist. Wir fahren um den Brunnen herum und kommen auf den quai Lamartine N 6. Der führt parallel zur Saône. Nach 200 m biegen wir an einer Ampel nach rechts zur Saône ein.

Lamartine bekommt sein Denkmal

Wir sind an einem großen Platz angelangt. Der reicht bis zur St. Laurent-Brücke, pont St.-Laurent, aus dem 14. Jahrhundert. Der Platz ist vieles in einem: Parkplatz, Ufer-Promenade, Treffpunkt, Markt, Rummelplatz, vielleicht Übernachtungsplatz. Doch schauen Sie sich zuvor die Leute an, die abends in der Nähe sind. Die großen, alten Bäume geben nach Sonnenuntergang das Ambiente. Das Denkmal von Lamartine auf dem großen Platz ist erst 1878 in der 3. Republik erstellt worden. Er war politischer Gegner Napoleons III., den die Preußen 1870 bei SEDAN aus der Politik entfernten. Wir fahren die Saône quai Lamartine/N 6 - entlang Richtung CHALON-sur-Saône und genießen die breite, ruhig dahinfließende Saône. Am Ufer ist ein Schiffs-Restaurant vertäut. Einige große Wohnwagen fallen uns auf, ein untrügliches Zeichen für Zigeuner. Am Stadtrand Richtung CHALON steht ein dicker Mammut, das

Logo einer ausgedehnten Einkaufsmarkt- Kette.

Kreuz und quer

Unter der Autobahn A 40 hindurch nach Sennecé-les-Macon, (Alternative: von SENNECÉ auf der D 103 nach CHARBONNIERES) weiter nach St. Martin Belle-Roche. Auf der D 205 durch St. MARTIN Belle-Roche. In St. MARTIN Belle-Roche kommen wir an eine Kreuzung, kein Kreisverkehr. An der Ecke ist ein Tabakgeschäft mit einem großen Parkplatz. Nach links zeigt ein Schild „poids lourds carrière" und „club des chevrières". Wir biegen nach links ein. Die Straße führt unter der Autobahn hindurch mit der Höhe von 4,1 m. Hinter der Unterführung stoßen wir auf einen Steinbruch. Wir biegen nach links ab. Die kleine Straße macht dann nach 500 m eine Rechtskurve und steigt auf einen Bergrücken. Wir passieren einen nachgemachten Burgturm, überqueren den Bergrücken, fahren bergab und stoßen auf die D 103. In diese biegen wir nach rechts ein. Wir erreichen CHARBONNIERES. Ein farbig angezogener Rennradfahrer mit Helm und Sonnenbrille eilt auf der Gegenspur. An der Straßenkreuzung mit der D 86 steht ein gewaltiges Denkmal anläßlich des 24. August 1944. Hier nach links in die D 86, Richtung AZÉ. Links fließt die Mouge. Sie mündet nach 10 km in die Saône. In LAIZE nach rechts in die D 82, Richtung AZÉ. Das Schloß hat einen schicken Wehrturm. Wir überqueren die Mouge und fahren das Tal aufwärts. In einem Steinbruch wird rötlicher Stein gewonnen. Wir passieren St. MAURICE-de-Santonnay. Ein altes Waschhaus ist am Straßenrand zu entdecken. Überall Weinberge, Weinberge, Weinberge, das Maconnais. Zahlreiche Häuser haben einen Gastank vor dem Haus, eine nicht ungefährliche Angelegenheit. Ein Hinweisschild auf die Höhlen von AZE, den grottes d' AZE, zeigt uns den letzten Kilometer. In AZÉ kommen wir an den alten Markthallen vorbei, die heute als Garagen oder Lagerräume benützt werden. Schließlich zieht ein Eisenbahnwaggon am Straßenrand unseren Blick auf sich. Er ist zu einem Restaurant umfunktioniert worden. Keine schlechte Idee.

Höhlentag

Nach dem Eisenbahnwagen nach links zum Parkplatz der Höhlen. Den Höhlen vorgelagert ist ein Campingplatz, ein Souvenirlädchen und ein Imbißstand und Toiletten am Campingplatzeingang. (Die Höhlen sind geöffnet von Ende März bis zum 1. Oktober. Im Oktober nur die Sonntage von l0h bis 12h und 14h-19h. Der Besuch dauert eine Stunde. Man muß in Gruppen von mindestens 4 Personen durch die Höhlen. (Eintritt: Erwachsene FF 30, Kinder FF 15). In den Höhlen herrscht eine Temperatur von 12 Grad. Ein Museum ist den Grotten angeschlossen. Sie sind 71 m bis 90 m tief. 1.500 m Höhlenstrecke sind erkundet. Der begehbare Weg beträgt 1.000 m. Davon sind 800 m mit Zement befestigt. Gutes Schuhwerk ist erforderlich. 250 Lampen erleuchten das unterirdische Dunkel in dem schon vor 300.000 Jahren Tiere herumspaziert sind. Der Platz ist idyllisch an einem Flüßchen gelegen. Wir verlassen den Parkplatz nach rechts in Richtung BLANOT und kommen auf die D 15. Ein kleines Tal mit Bienenstöcken und Pferden nimmt uns auf. Im spitzen Winkel geht es nach rechts auf die D 146 auf der wir die Höhlen von BLANOT, die grottes de BLANOT, erreichen. Heute ist Höhlentag.

Der Verkehr weist auf Tourismus pur hin. Zu Mauern aufgeschichtete Steine begrenzen die Gärten. Ein Schild zeigt den Weg zum Mont St. Romain. Nach BLANOT haben wir die D 446. Der touristische Gegenverkehr wird so langsam lästig. Haben die zu Hause nichts zu tun? Der Parkplatz der Höhlen ist mittelprächtig groß. Eine respektable Mauer mit Buchstabenpracht macht uns mit dem Namen der Höhlen bekannt, les grottes de BLANOT. Der Weg zum Eingang ist ein schmaler Waldweg. Links geht es in ein Waldtal hinunter. Von hier kann man auf einem markierten Pfad an der Caféterrasse vorbei zum Mont St. Romain auf 580 m in 45 min. hochwandern. Vor dem Grotteneingang ist wenig Raum und so kaum Platz für viel Rummel. Ein kleiner Imbiß mit Sitzgelegenheit, Blick ins Waldtal, ein Souvenirlädchen, das auch Karten für den Grotteneintritt verkauft, das ist alles. Kein prähistorisches Disney. Der Besuch dauert eine Stunde. Geöffnet von Ende März bis Ende September. Wir ziehen wieder weiter und biegen nach links in die D 446 ein, Richtung Mont St. Romain. Motto: Fußtour im Auto genießen. Auf der D 187 weiter auf den Mont St. Romain. Dort oben war es windig und kalt. Die Aussicht ist erhebend. Ein kleiner Kinderspielplatz ist auch vorhanden.

Blondschopf im Traubenoutfit

Wir fahren wieder zurück auf die D 187 nach links, die sich als eine kurvige Angelegenheit entpuppt. Die Strecke kommt aus dem Hause Schlagloch. Ziegenherde rechts. Streckenweise haben wir eine herrliche Aussicht auf das Tal und auf die der Saône zufließende Ebene. Wir durchfahren ein Dorf namens PRAYES. Rechts neben uns fließt die Grison. Auf der D 146 Richtung Tagesziel TOURNUS. Schafsköppe von links.

Keine Vorgesetzten gesichtet. Alternativ anmutende Fahrradfahrer begegnen uns und beanspruchen beherzt fast ganz die
enge Straße. Bald wechseln wir auf die D 14 nach rechts
Richtung TOURNUS. Vivez la grappe. Die Trauben sollen
leben. Ein sommerliche Blonde, die als Haarschopf blonde
Trauben trägt und dem Vorbeifahrenden freundlich auffor-
dernd zulächelt, Sie wirbt für das Maconnais. In deutschen
Weinlanden gibt es Traubendamen aus Fleisch, Blut und
Rebensaft (in der Kehle). Aber deren Konterfei steht nicht am

Camping vor den AZE-Höhlen

Straßenrand. Streckenweise geht es durch den Wald. Vorbei
an der Burg BRANCION. Sie erhebt sich auf einem Felsen und
schließt an ein Dorf an. Wir kommen durch MARTAILLY-les-
Brancion. Die Gegend ist touristisch erschlossen - zu erkennen
an der Zunahme der Galerien.

tote Hose, und wo?

In MARTAILLY ist kurz nach der Ortseinfahrt links unten
ein altes Waschhaus. Rechts oben klebt das alte Dörfchen, so
als ob es mit der Erschaffung der Landschaft entstanden wäre.

190

OZENAY, eines der nächsten Orte, verfügt über eine romanische, kleine Kirche. Dort steht die Dorfjugend beieinander. Romantische Ecke aber sonst nichts los.

Wir kommen auf der D 14 nach TOURNUS rein, unterqueren die Autobahn A 6. Von weitem erkennen wir die Abteikirche, das Wahrzeichen von TOURNUS. Richtung centre-ville. Auf die Hauptdurchgangsstraße N 6, die avenue Gambetta, biegen wir nach links ein. Diese fahren wir dann geradeaus Richtung MACON. An dieser Straße finden sich die Restaurants für größere Scheine. Der Straßenname ändert sich in avenue Maréchal Leclerc. Wir kommen an eine Ampel. Nach links geht es nach BOURG-en-Bresse. Wir biegen nach halblinks ein, fahren in ein kleines Sträßchen, das parallel zur Straße nach BOURG-en-Bresse führt. In der Kurve ist ein Hondageschäft. In der Nähe ein Supermarkt Super U und eine Tankstelle. Nach 200 m nach links ab, unter der Brücke durch, die über die Saône geht. Nach 100 m sehen wir links den Campingplatz. Von dort sind es 10 min. zu Fuß in die Stadtmitte.

In der unmittelbaren Nähe des Campingplatzes in Richtung Stadtmitte längs des Flußufers ist ein kleiner Supermarkt. Saôneaufwärts - 1 km nach der nächsten Saônebrücke - sind die Sportanlagen TOURNUS mit Parkplätzen. Dort läßt sich eine Übernachtungsstelle finden. Wir gehen zu Fuß zur Stadtmitte. Mit 6.750 Einwohner ist TOURNUS eine kleine Stadt. Ihr Ursprung geht auf die sattsam erwähnten Häduer zurück. Die Bevölkerung lebt heute vom Weinbau und vom Tourismus. Unser erstes Ziel ist die Abteikirche, die église St.-Philibert. Wir marschieren um die dreischiffige Basilika herum und treten ein. Ein Teil wird gerade restauriert. 875 schenkte Karl der Kahle, ein Enkel Karls des Großen, den Mönchen von Noirmoûtier an der Loiremündung das vorhandene Kloster. TOURNUS ist natürlich Anlaufpunkt für zahlreiche Besucher.

Denkmal gegen die Österreicher

Wir setzen uns in ein Café und erholen uns von dem Wandern auf Kopfsteinpflaster und Kirchensteinboden. Rings um uns quirlt und lärmt es beträchtlich. Die Bedienung ist dennoch freundlich und rasch. Es wird nicht mal gleich kassiert. Wir gehen weiter und spazieren zur N 6 vor. Dabei kommen wir an einem kleinen Park vorbei. Darin steht aufrecht ein Denkmal mit einem Engel auf dem Podest. Das Werk hatten sich Bürger von TOURNUS errichtet. Sie vertrieben die Österreicher aus der Stadt als Napoleon von der Verbannungsinsel Elba zurückkehrte. Eine militärische Bürgerinitiative.

eine (hoffentlich) gute Fee am Hinckelstein

St.-Philibert in T O U R N U S

Nachdem alle tatsächlichen oder vermeintlichen Kriegshelden aufgeführt sind, schließt die Inschrift mit der Mahnung, daß die künftigen Einwohner von TOURNUS in diesen Helden ihr Vorbild sehen sollen. In der Nähe des Parks an der N 6/Avenue Gambetta entdecken wir ein boulodrome. Hier hat die Stadtverwaltung einen festen Boule-Platz geschaffen. Wir schauen dem Spiel zu. Die Spieler sind Männer im mittleren Alter, ausgeprägte Gestalten. Sie lassen sich von uns nicht stören, beachten uns nicht sonderlich.

Archéodrome oder: Vercingétorix ruft und kassiert

Falls Sie einen tiefen Blick in die gallische Vergangenheit werfen wollen, sollten Sie zum Archéodrome fahren. Als Übernachtungsort schlagen wir MEURSAULT vor. Fahrt Richtung CHALONS/CHAGNY/N 6, dann nach MEURSAULT/N 74. In MEURSAULT nach rechts auf die D 23 Richtung Archéodrome. Dort steht ein umfangsreiches Freiluftmuseum mit Nachbauten der römischen Befestigungen vor ALESIA und weiteren, gallischen Bauten (Bauernhöfe etc). Daneben sind in den Gebäuden zahlreiche Ausstellungsstücke der gallischen Zeit ausgestellt. Ein Video versucht -in Generalstabsmanier-, die Ereignisse vor ALESIA nachzuzeichnen.
Öffnungszeiten: Dez/Jan 10h-17h, Feb-Apr + Okt-Nov 10h-18h, Mai-Sept. 10h-l9h, Eintritt 30 FF.

***** *und morgen geht's nach Hause. Da können wir uns dann richtig erholen.*

194

HINWEISE alphabetisch

- Ablaufphasen
- Anschriften
- Autobahn
- Brot
- Einreise
- Filmen und Fotografieren
- Gas
- Hilfsdienste
- Karten
- Krankenversicherung
- Medikamente
- Öffnungszeiten
- Packliste
- Parken
- Rundfunk
- Telefon
- Unfall
- Unfallprotokoll
- Verständigung
- Wohnwagen

ABLAUF - PHASEN

1) 6 Monate vor Abfahrt
    • Mietvertrag über Wohnmobil oder Wohnwagen abschließen, nachfolgenden Ablaufplan an eigene Bedürfnisse anpassen.
2) 4 Monate
    • Festlegung des Termines (2 Wochen vor der Abfahrt) der technischen Überprüfung von Kfz und Wohnwagen bzw Wohnmobil bei der Werkstatt.
3) 2 Monate
    ~ Zusammenstellen oder Überprüfen der Packliste, Anpassung an den aktuellen Bedarf, ggf „nötige" Käufe tätigen.
4) 2 Monate
    • Papiere überprüfen: Personalausweis, Campingcarnet, Grüne Versicherungskarte, Schutzbrief, ggf in Ordnung bringen.
5) 1 Monat
    • Zeitungen abbestellen, ggf Auslandskrankenschein E 111 + „Merkblatt für Versicherte, die sich vorübergehend im Ausland/Frankreich aufhalten" bei der Krankenkasse besorgen, ggf Impfungen vornehmen lassen bzw mit dem Arzt

195

absprechen, Anfrage an Krankenkasse, über Leistungen der Kasse und Abrechnungsmodalitäten bei Krankenhausaufenthalt in Frankreich, Karten, Informationsmaterial über das Reiseziel zusammenstellen bzw besorgen, Kopien der Personalpapiere anfertigen lassen jeweils zwei Exemplare, davon eines zu Hause lassen), Nachbarn wegen Haus- und Wohnungsbetreuung ansprechen, falls zum ersten Mal sollte dies früher geschehen.

6) 2 Wochen
• Werkstatt-Termine für Wohnmobil, Kfz und Wohnwagen wahrnehmen, Herstellen der Fahrtüchtigkeit von Wohnmobil oder Wohnwagen. Aufgaben für die restlichen Phasen verteilen bzw zuteilen.

7) 1 Woche
• Wohnwagen bzw Wohnmobil reinigen, ausländische Zahlungsmittel besorgen.

8) 4 bis 2 Tage
• Wohnwagen, Kfz bzw Wohnmobil technisch aufrüsten und nach Packliste einräumen, Ablaufplan und Packliste in Ruhe durchlesen, ob etwas fehlt oder unterlassen wurde. Erledigtes streichen.

9)1 Tag vor der Abfahrt
• Tanken, Wasser einfüllen, Mülleimer leeren, Haustier abgeben, Blumen versorgen, Antennen herausziehen, dringendste Rechnungen bezahlen. Nächste Anverwandte ggf informieren.

10) Abfahrtstag
• Packliste Abfahrtstag ausführen, Wasser abstellen, Kühlschrank abstellen, Türen von Terrassen und Balkon verschließen, Fenster verschließen, ggf Zeitschaltuhr für Lampen) einschalten, alle elektrischen Geräte abstellen, Gas abstellen, Haus- / Wohnungstüre verschließen, Schlüssel dem Nachbarn geben und sich mit Übergabe eines Papiers mit Reiseziel, Rückkehrdatum, Autokennzeichen und eventueller Erreichbarkeit verabschieden. Checkliste Ankuppeln (s. Wohnwagen) sorgfältig ausführen. Im Auto nochmal Packliste Abfahrtstag, Checkliste Haus / Wohnung, Checkliste Wohnwagenankuppeln überprüfen. Erledigtes streichen.

Die Fahrt soll man langsam und in Ruhe beginnen. Das heißt, keiner hat das Recht, aus Lust und Tollerei auf Kosten der Nerven der Mitfahrer verrückt zu spielen. Nach 10 km soll man halten und das Gespann und das Innere des Wohnwagens kontrollieren. (s. auch Kontrolle unterwegs)

• Grundsatz: Der Urlaub beginnt mit dem ersten
Meter - und zwar für alle!!

Bergwerkmuseum in La MACHINE - aus Tagesfahrt 9

ANSCHRIFTEN

Französisches Fremdenverkehrsamt
Postfach 1001 28
D 6000 Frankfurt 1
Tel. 069 7560830

Französisches Verkehrsbüro
Landstraßer Hauptstr. 2
A 1030 Wien Tel. 0222 75700062

Französisches Verkehrsbüro
2 rue Thalberg
CH 1201 Genf
Tel. 022 328610

Anfragen an einzelne Gemeinden können an das office du tourisme der Gemeinde gerichtet werden. Die nötige Postleitzahl ist die Nummer des Département (s. Karte Burgund).

AUTOBAHNEN

Die Autobahnen sind in Frankreich halbstaatlich gebaut und verwaltet. Ihre Benutzung kostet Gebühren (péage), die an Mautstellen kassiert werden. Bei Mühlhausen (MULHOUSE) im Elsaß wird Bargeld kassiert. Dabei muß man das Geld (FF

Rühren!

12 für PKW und FF 18 für Gespanne) in einen Korb werfen. Dieses Zahlverfahren gilt auch für die Rückfahrt ab BELFORT. Also Münzgeld bereithalten. Zahlbar in bar oder mit Kreditkarte. Ratsam ist auf jeden Fall, den nötigen Betrag in bar bereitzuhalten, da die Kreditkartenautomaten der Mautstellen ab und zu ausfallen. Die Preise werden im Rahmen der allgemeinen Inflationsrate angepaßt.
Wer preiswert tanken will, soll sich von Supermarkt zu Super-

markt durchtanken.

An Parkplätzen sollte man nicht übernachten. Hier drohen Überfälle. Es kommt nicht pausenlos vor, aber es kommt vor! Die Autobahnauffahrten/ausfahrten liegen mitunter weit auseinander. Wenn eine Straße eine Autobahn kreuzt, muß dort noch lange nicht eine Auffahrt sein. Hier gilt es, sich genau auf der Karte zu informieren. Richtungsschilder zu Autobahnauffahrten sind bis zu 40 km davor bereits aufgestellt.

Die Raststätten (Achtung, mit "aire" wird in Frankreich alles angekündigt, von dem vergammelten Parkplatz bis zur besten Autobahnraststätte) sind aufwendiger als in Deutschland gebaut. Neben den Tankstellen werden Supermarkt, Werkstätte, Restaurant, Toiletten, Spielplätze etc angeboten. Die Sicherheitslage für Übernachtungen ist günstiger.

BROT

Wenn Franzosen nach Deutschland kommen, verzweifeln sie fast an unserem Schwarzbrot. Ähnliche Erlebnisse haben Deutsche bei einem Besuch in Frankreich: nur Weißbrot. Das berühmteste ist die „baguette" (eingedeutscht: das Baguette oder Pariser Brot). Diese wird zu 200 g und zu 250 g (mit dem Namen„flöte=Flöte") angeboten und zum staatlich verordneten Preis verkauft. Das Brot zu 500 g ist „le pain". Eine „Flöte" reicht für ein Frühstück mit zwei nicht allzu hungrigen Menschen aus. Das Weißbrot hat nur seinen Reiz, wenn es frisch ist. Nach einem halben Tag ist es allerdings noch gut eßbar. Was uns die Weckle oder Schrippen oder Semmeln oder Brötchen sind, sind für den Franzosen die "croissants". Daß der Verzehr von croissants zum Frühstück erst den Menschen zum Kulturwesen macht, ist ein Gerücht. Aber es stimmt.

EINREISE

Die Grenzen sind fast gefallen. Die Maginotlinie ist außer Betrieb. Die Franzosen räumten ihre bis Mitte 1992 in OBER-HOFFEN bei STRAßBURG und BELFORT stationierten Atomraketen für STUTTGART und WURZBURG in die Keller. Die frisch produzierten Hadesraketen für PRAG und LEIPZIG werden erst gar nicht aufgestellt. Wir fahren nach Frankreich - fast - wie nach MÜNCHEN in Bayern oder MITTELSDORF in Thüringen. Dennoch muß der Personalausweis mitgeführt werden. Dinge des täglichen Bedarfs sind zollfrei. Tabakwaren und Alkoholika sind in kleinen Mengen ebenso problemlos. Für Haustiere mußeine Tollschutzimpfzeugnis von mindestens 1 Monat und höchstens 12 Monaten Geltungsdauer vorliegen.

FILMEN und FOTOGRAFIEREN

Die Filme sind im Touristenland Frankreich nahezu unverschämt teuer. Eine entsprechende Menge lassen sich aufbewahrungssicher im Kühlschrank mitführen. In Kirchen, Museen herrscht aus gewerblichen Gründen oft Fotografierverbot. Man tut's trotzdem.

GAS

Mit manchen Dingen läßt sich nicht spaßen. Dazu gehört das Gas. Preiswert und sicher soll der Gesamtbedarf zu Hause eingekauft werden. Schätzen Sie Ihren Bedarf. Drei Kilogramm reichen einer 4köpfigen Familie mit Kühlschrankbetrieb und gelegentlicher Heizung eine Woche im Sommer. Im Winter kann das für einen Tag reichen. Hier einige Verbrauchszahlen pro Stunde: Gaslicht 35-55g, Kochstelle 135 g, Heizung (12.600 kJ) 30-290g, Kühlschrank 7-10g.

In den kleinen Flaschen befinden sich knapp 5 kg, in den großen knapp 11 kg Propangas. Unser- nicht unbedingt übertragbarer - Erfahrungswert besagt: Zwei 5 kg-Flaschen bzw eine 11 kg-Flasche reichen für 3 Wochen im Sommer allemal. Während der Fahrt ist der Gasbetrieb, zum Beispiel Kühlschrank, verboten.

Zur Sicherheit soll das Behälterventil an der Flasche bei Nichtbedarf immer geschlossen bleiben. Wir schalten nachts und bei längerem Verlassen des Wohnwagens das Gas ab. Der Kühlschrank läuft je nach Witterung gar nicht oder auf 220 Volt. Tip für Kühlschrank, Kochstelle und Heizung: Bedienungsanleitung in unmittelbarer Nähe ankleben.

Umfassende Vorschriften für den Gasbetrieb - wie Kochen nur bei offenem Küchenfenster etc - sind beim Gasprüfer, der alle zwei Jahre die Gasanlagen überprüfen muß und bei Ihrer Werkstätte erhältlich, ebenso bei der Bedienungsanleitung für Wohnwagen und Wohnmobil zu finden. Es lohnt sich, diese durchzulesen.

HILFSDIENSTE

Polizeiruf (police secours): 17 - Anruf kostenlos
Feuerwehr (pompiers): 18 - Anruf kostenlos
Tel. Auskunft (renseignement): 1 - Anruf kostenlos
Rotes Kreuz (SAMU): 15 - Anruf kostenlos
ADAC-MÜNCHEN: 19-49-89/22 22 22
Pannenhilfe in deutscher Sprache: 05 10 61 06

Deutsche Botschaft in PARIS: (1) 42 99 78 00
Generalkonsulate in NANCY, BORDEAUX, LILLE, LYON,
MARSEILLE

Der ADAC hat einen deutschsprachigen Notrufdienst in Frankreich eingerichtet:
PARIS (1) 45 00 42 95, AVIGNON 90 8616 09, von Juni bis September:
BORDEAUX 56 44 46 81, PERPIGNAN 68 35 64 66

Schweizer Botschaft PARIS: (1) 55 03 4 46
Österreichische Botschaft PARIS: (1) 55 59 5 66

Ein Auslandsschutzbrief ist ratsam. Eine Liste der Vertragswerkstätten sollte man sich beim Autohersteller besorgen.

KARTEN

Die im Handel erhältlichen Karten des ADAC, des französischen Instituts Géographique National und die Michelin-Karten entsprechen den notwendigen Anforderungen. Die Fülle der Informationen der Michelin-Karten gehen auf Kosten der Übersicht und der Klarheit.

Für die Anfahrt und den großen Überblick empfehlen sich Karten im Maßstab 1: 800.000. Für die einzelne Region, so für Burgund, sind Karten im Maßstab 1: 200.000 notwendig. Das Institut Géographique National hält Karten im Maßstab von 1: 250.000 für Burgund und von 1: 100.000, 1: 50.000 zu 1: 25.000 für Teile von Burgund bereit.
Wie bei Michelin enthalten diese „cartes ign" Hinweise auf alle bedeutendere Burgen, Kirchen, Campingplätze, Freizeitparks etc. Dazu bieten sie mehrsprachige darunter **deutsche** Erläuterungen an und sind wohl so am ehesten zu empfehlen. Die Karten sind an den Tankstellen der französischen Autobahnen und an allen Zeitschriftkiosken in Frankreich erhältlich - in Deutschland über den Buchhandel (allerdings etwas teuerer). Hilfreich ist ein Kurvenmesser mit den einschlägigen Maßstäben. Der Klarschriftmarkierer oder Memomarker erleichtert die Übersicht auf der Karte ganz wesentlich.

KRANKENVERSICHERUNG

Für **Privatpatienten** läuft es wie in Deutschland. Nur mit dem kleinen Unterschied, der Doktor will sein Geld gleich haben. Seine Rechnung heißt „feuille de soins". Für Krankenhausaufenthalte ist sicher die Klinikkarte nützlich. Doch sollte vor Reiseantritt bei der jeweiligen Krankenkasse die mit einem eventuellen Krankenhausaufenthalt zusammenhängenden Leistungen der Kasse erfragt werden. Die Kosten werden anschließend bei der Kasse eingereicht.

Kassenpatienten können bei ihrer Versicherung den europäischen Krankenschein / Auslandskrankenschein E 111 + »Merkblatt für Versicherte, die sich vorübergehend im Ausland/ Frankreich aufhalten" anfordern. Damit können Sie in Frankreich - nach Bezahlung des Arztes oder des Rezeptes (ordonnance) - zur nächsten Geschäftsstelle der Caisse de Sécurité Sociale gehen (Anschrift beim Rathaus - mairie erfragen). Die zahlt ca 70% zurück. Der Rest muß in Deutschland bei der Kasse eingereicht werden. Der Krankenschein kann auch direkt bei der Kasse in Deutschland eingereicht werden. Eine Zusatzversicherung mit eventuellem Rücktransport ist zu empfehlen. Die Zustände in den französischen Krankenhäusern sollen nicht immer unserem Niveau entsprechen.

MEDIKAMENTE

Das Klima ist wie in Deutschland. Der ADAC-Arzt steht telefonisch zur Verfügung: 19-49-89/22 22 22.

ÖFFNUNGSZEITEN
Elnzelhandel

Verbindliche Ladenschlußzeiten wie in Deutschland sind in Frankreich nicht üblich. Der Ladenbesitzer entscheidet selbst, wann er öffnet und schließt.
Lebensmittelläden in Burgund öffnen morgens zwischen 8 und 9 Uhr. Von 12 bis 14 Uhr oder 14.30 Uhr ist Mittagspause. Gegen 19.30 Uhr ist Schluß. Wenn nach 19.00 Uhr niemand mehr kommt, kann auch zugernacht werden. Das gilt für Montag bis Samstag. Der Einzelhandel und zuweilen auch Supermärkte haben sogar Sonntagvormittag auf. Einmal in der Woche, am Wochenanfang oder am Samstagnachmittag, haben die Geschäfte geschlossen.

Gastronomie
Restaurants öffnen meist nur um die Mittagszeit (12-14 Uhr) und gegen Abend (19-21 Uhr). Das sind auch die Essen~ zeiten in Bar/Cafés. Sonst sind Cafés ebenso wie die Geschäfte den Tag über geöffnet. In den Einkaufszentren, den (centres

commerciaux oder grande surface), sind in DIJON und NE-VERS vorhanden. Dort werden während der ganzen Geschäfts-zeit Mahlzeiten angeboten.

Post

In der Regel sind die Postämter von Montag bis Freitag von 9.00 Uhr bis 19.00 Uhr bei einer Mittagspause von 12.00 bis 14.00 Uhr geöffnet. Samstag gilt die Öffnungszeit 9.00 bis 12.00 Uhr.

Banken

Banker sind bescheiden und zeigen sich nur eingeschränkt in der Öffentlichkeit. Die Schalter sind meist von 9.00 bis 16.00 Uhr bei einer Mittagspause von 12.00 bis 14.00 Uhr geöffnet und zwar von Montag bis Freitag. Selten haben sie montags geschlossen und samstags geöffnet. Der Geldautomat (distri-buteur) ist jedoch durchgängig in Betrieb, wenn er nicht gerade eine Macke hat.

PARKEN

Parken kostet Geld. Auch in den Innenstädten Frankreichs ist Parkraum knapp und wird überwacht. Immer mehr setzt sich der Parkautomat, der horodateur, durch. Der steht gut sichtbar am Parkplatz. Die Zeituhr gibt die bezahlte Zeit wieder. Ver-wendbare Münzen sind FF 5, FF 2 und FF 1. Nachdem man die Münzen eingeworfen hat, druckt man den Knopf "ticket". Das Ticket kommt heraus und muß sichtbar an der Windschutz-scheibe angebracht werden. An Sonn- und Feiertagen ist Parken in Städten meist kostenlos. In den Parkhäusern läuft es so wie bei uns. An den Automaten in den Parkhäusern kann man sogar mit der Kreditkarte bezahlt werden.
Parkmöglichkeiten im Zentrum sind ausgeschildert. Höchstzeit 2 Stunden - 8 FF, mit Parkautomaten. Von 12-14 Uhr und ab 19 Uhr kostenlos, ebenso Sonn- und Feiertage.

POSTGEBÜHREN

Brief und Ansichtskarte je FF 2,50, Ansichtskarte bis 5 Worte FF 2,20.

RUNDFUNK

Die Deutsche Welle ist über Kurzwelle überall in Frankreich zu empfangen. In Ostfrankreich kommen deutsche Rundfunk-sender mühelos herein.

Auf 1278 kHz (Mittelwelle) und 6150 und 7145 kHz ~Kurzwelle) strahlt der Französische Rundfunk deutschsprachige Sendungen aus.

TELEFON

Wie bei uns ist die Telefonkalte, die télécarte, in Frankreich voll im Durchmarsch. Der Münzfernsprecher ist die seltene Ausnahme. Die télécarte ist in Tabakgeschäften (tabacs), bei der Post und an Bahnschaltern zu kaufen. Dort hängt das Schild: TELECARTE EN VENTE ICI. Es werden Telephonkarten mit 50 und 120 Einheiten angeboten.
Wenn man von der Provinz in die Pariser Region telefoniert: 16+1 +Teilnehmer. Sonst in Frankreich: Départementsnummer + Teilnehmer. Die Départementsnummer sind die letzten beiden Ziffern der Autokennzeichen. Um ins deutschsprachige Ausland zu gelangen, wählt man die 19, dann für Deutschland die 49, für Österreich die 43, für die Schweiz die 41, dann die Ortskennzahl ohne die Null, dann die Rufnummer des Teilnehmers. Beispiel Stuttgart: 19-49-711-Teilnehmernummer.

Auslandsgespräche (Volltarif): Die Minute kostet für Deutschland, Schweiz 4,50 FF (Tarif A), für Österreich 6,57 FF ~Tarif B)
Billigtarif: 3,04 FF pro Minute (für Österreich 4,38 FF) von Montag bis Freitag 21h30-08h00, am Samstag von 14h bis Montag morgens 08h00 .
Inlandsgepräche (Volltarif): Ortsgespräche pro 6 Minute 0,80 FF, bis 100 km: 2,19 FF, über 100 km Entfernung: 2,92 FF jeweils pro Minute.
Billigtarif: Reduzierung von 30%: Mo bis Fr. 12h30-13h30 und 18h00 - 21h30, Samstag 12h30-13h30
von 50%: Mo bis Fr. 21 h30 - 22h30 und Sa 06.00 - 08.00 Uhr, 1 3h30-22h30, Sonntag 06h00-21 h30 und
Reduktion von 65% täglich von 22h30 - 06h00.

Der Fortschritt rast. So taucht mitten in irgendeinem Dorf eine Telefonzelle auf, in der man angerufen werden kann. Nach Frankreich kommt man von Mitteleuropa mit der Vorwahl 0033, dann die Nummer des Departements, dann die Teilnehmer-Telefonzellennummer (außen und innen angegeben). Für die Pariser Region 0033+16+1 +Teilnehmer. Auskunft (renseignements) 12, **Polizei (police) 17**. etc (s. Hilfsdienste)

UNFALL

Gleich zu Anfang: Eine Rechtsschutzversicherung, die Verkehrsrechtsschutz gewährleistet, sollte schon sein. Bei Bagatellschäden taucht in Frankreich die Polizei nicht auf. Das Wichtigste ist, herauszubekommen, mit wem man es zu tun hat. Dazu genügt ein ausführlicher Blick auf die Windschutzscheibe. Dort finden sich Versicherungsgesellschaft und Versicherungsnummer. Aufschreiben! Zur Unfallaufnahme sind Fotoapparat, Skizze und ein Aufnahmevordruck empfehlenswert. In Frankreich gibt es die Möglichkeit, ein gemeinsame Unfallaufnahme zu machen, das constat amiable d'accident automobile. Vorsicht bei der Unterschrift. Die Ansprüche an den Unfallgegner sind bis heute nur über einen französischen Rechtsanwalt durchzusetzen. Die Herrn und Damen arbeiten für teures Geld. Der Unschuldige muß seinen Anwalt selbst bezahlen, nicht der schuldige Gegner.

Gemeinsames Unfallprotokoll constat amiable d'accident automobile

1. date de l'accident/heure: Datum des Unfalls/Zeit: 2. lieu: Ort: 3. blessé(s): Verletzte: 4. dégâts autres véhicules: Schäden an anderen Kfz: 5. témoins: Zeugen:

véhicule A Kfz A
6. assuré Versicherter
 nom:
Name
prénom: Vorname
adresse:
tél.:

7. véhicule marque: type: n. d'immatr.: Kennzeichen:

8. sté d assurance: Versicherung n. de contrat: Vers.Nr.

9. conducteur: Fahrer nom: Name prénom: Vorname adresse: permis de conduire n.: Führerscheinnummer

10. dégâts apparents: sichtbare Schäden

11. circonstances (nommez- les avec les chiffres expliqué dessous) Tatbestände (s.Ziffern unten) in Ziffern angeben:

12. croquis Zeichnung (cf. feuille .., s. Blatt ...)

13. signature conducteur A Unterschrift A:

explications Erklärungen (11):1 en stationnement geparkt, 2 quittait stationnement verließ Parkplatz, 3 prenait stationnement parkte ein, 4 s engageait sur une place à sens giratoire fuhr in Kreisverkehr ein, 5 roulait sur une place à sens giratoire fuhr im Kreisverkehr; 6 heurtait l arrière de l autre véhicule qui roulait dans le même sens et sur la même file stieß von hinten auf das andere Kfz, das in gleicher Richtung fuhr und auf der gleichen Spur; 7 roulait dans le même sens et sur une file différente fuhr in der gleichen Richtung und auf einer anderen Spur, 8 changeait de file wechselte die Spur, 9 doublait de gauche überholtlinks, 10 doublait de droite überholte rechts, 11 virait a droite bog nach rechts, 12 virait à gauche bog nach links, 13 reculait fuhr zurück, 14 empiétait sur la partie de chaussée réservée à la circulation en sens inverse fuhr auf der falschen Fahrbahn in der falschen Richtung (Geisterfahrer), 15 venait de droite kam von rechts, 16 venait de gauche kam von links, 17 n'' avait pas observé un signal de priorité beachtete nicht die Vorfahrt.

Jeder Unfallpartner sollte ein solches Unfallblatt ausfüllen. Die Zeichnung sollte zweifach angefertigt werden und - falls alles einvernehmlich verläuft - müssen die Unfallgegner jeweils auch beim Blatt des Gegners unterschreiben.

VERSTÄNDIGUNG

Ein kleiner Sprachführer kann nützlich sein. Mir gefällt der Sprachführer Französisch von Langenscheidt (ISBN3-46822152-5). Er ist mit 10 x 15 cm in einem handlichen Format. Sein Inhalt deckt die meisten, normalen Urlaubssituationen mit Redewendungen und einschlägigem Wortschatz. Etwas Grammatik, ein kleines Wörterverzeichnis ergänzen den auf Urlaubssituationen aufgebauten Sprachführer.

WOHNWAGEN

Für die Abfahrt soll für das Gespann eine Checkliste angelegt werden. Die ist nach jeder Rast sehr nützlich. Am besten wird die Liste an die Innenseite der Wohnwagentüre angeheftet und vor jeder Abfahrt danach verfahren.

Zu überprüfen: Dachluke schließen, Tische herunterlegen, Hängelampen abnehmen, Schranktüre verschließen, Fenster zu, Gas zu, Kühlschrank verriegeln, ggf Antenne einziehen, Ersatzzündschlüssel in den Wohnwagen, alles sonst rutschfest?

Ankuppeln:
Stützen hoch, ankuppeln, Kupplung sichern,
Bremsseil anlegen,
Handrad hoch, Elektrokabel einstecken,
Handbremse lösen, ggf Stabilisatoren anlegen,

Zugfahrzeug: Außenspiegel einstellen, Beleuchtungsprobe

alle Mann an Bord ??

Sonstiges:

TIEF DURCHATMEN,
STARTEN und
denken Sie daran:

Alle Dinge der Welt
ereignen sich zweimal:
einmal als Tragödie und
einmal als Farce.

Hannah Simone Maren wünscht gute Fahrt - aber wer ist

Hannah Simone Maren ?

Literatur :
Caesar, Alois Theobald Siegefix, Der Gallische Krieg, Bamberg
1932
Michelin, Bourgogne, Clermont-Fd 1990
Darcy/Angebert, Histoire secrète de la Bourgogne, Paris 1978
Für Kunstfreunde: M. Mehling (Hrsg), Knaurs Kulturfhr Burgd,
München 1990
Für Wanderer: Susanne Feess, Richtig Wandern, DuMont, Köln' 89

ZU-PACKLISTE

Papiere
- Pässe,
- Personalausweise,
- Führerscheine,
- Grüne Versicherungskarte,
- Kfz-Schein,
- Fahrzeugschein Wohnwagen,
- Impfpaß,
- Tierpaß,
- Reservierungsbestätigung von Campingplätzen,
- Kopien der Papiere,
- Bargeld, Brustbeutel,
- Devisen,
- Euroschecks,
- Postsparbuch,
- Kreditkarte(n),
- Auslandskrankenscheine,
- Klinikkarte,
- Schutzbrief,
- Zusatzversicherung,
- Schreibmaterial,
- Bedienungsanleitungen (Womo, Wohnwagen)
- Autohandbuch,
- Campingführer,
- Reiseführer,
- Fremdsprachenlexikon,
- Fahrtentagebuch,
- Kompaß, •Karten,
- Informationsmaterial über Reiseziel,
- neues Werkstättenverzeichnis,
- neues Campingcarnet,
- Reserveschlüssel für Auto und Wohnwagen,
- Checkliste Urlaubsgrüße.

Haushalt
- Wecker,
- Einkaufstasche,
- Kaffee-, Teekanne,
- Geschirr, •Gläser,
- Vesperbrettchen,
- Bestecke,
- Brotmesser,
- Schöpflöffel,
- Schneebesen,
- Töpfe, •Pfanne, •Sieb,
- Topflappen, •Butterdose,
- Flaschentrage, •Thermoskanne,
- Eierbehälter, •Küchenpapier,
- Alufolie, •Nähzeug, •Schere,
- Wäscheleine, •Klammern,
- Waschpulver, •Plastikschüsseln,
- Schuhabtreter, •Handfeger,
- Putzlappen, • Zündhölzer,
- Taschenlampen, •Kerzen,
- Insektenspray, Insektenlampe,
- Moskitogaze (Fenster/ Türe),
- Klopapier,
- Toilettenchemikalien, (formaldehydfrei),
- Spülmittel, •Bürste,
- Scheuerpulver, •Geschirrtücher,
- Wasserentkeimungsmittel,
- Müllbeutel, •Mülleimer,
- Tischtuch, •Trichter,
- Rechaud, •Meßbecher,
- Flaschenöffner für Bier- und Weinflaschen,
- Wasserkanister, •Windlichter.

Technik
- Kabeltrommel,
- Verbindungskabel,
- Stecker-Satz,
- Kabelzwischenstück mit CEE-Stecker,
- Doppelstecker,

- •Klappspaten,
- •Taschenmesser,
- •Ersatzbirnen 12 V, 220V
- •Ersatzsicherungen,
- •Feuerlöscher,
- •Leim, 5 cm Schnur,
- •gefüllter Werkzeugkasten,
- •Gasflaschen (für 11 kg)
- •Holzblöcke, Trittstufe,
- •ggf Beil, • Säge,
- •Wasserwaage,
- •Scherenwagenheber
  für Wohnwagen,
- •Radkreuz,
- •Kupplungsabdeckplane,
- •Kupplungsfett, •Draht,
- •Pannenband,
- •Luftpumpe für Reifen
  mit Druckmeßgerät,
- •Abwasserbehälter
- •Ladegerät für Zweitbatterie
  im Womo oder Wohnwagen,

Toilette
- •Hand, Badetücher,
- •Waschlappen,
- •Tempo-Taschentücher,
- •Kämme, Bürsten,
- •Rasierzeug,
- •Hygieneartikel,
- •Empfängnisverhütung,
- •Seife, Handwaschmittel,
- •Sonnencreme
- •Labello,
- •Zahnbürste, -pasta,
- •Haarwaschmittel,
- •Fön

Kleidung
- •warme Jacke,
- •Turnschuhe,
- •Jeans, •Unterwäsche
- •Badezeug,
- •Gummistiefel, Wander-

stiefel,
- •sonstige Schuhe
- •Sportanzug,
- •Socken, Strümpfe,
- •Kleider, Röcke,
- •Hemden, T-Shirts,
- •Pullover.

Für die Nacht
- •Schlafanzüge,
- •Schlafsäcke,
- •Bettzeug.

Campingartikel
- •Sonnensegel, •Vorzelt,
- •Stühle, •Tische,
- •Grill, •Grillzubehör,
- •Holzkohle,
- •Sonnenschirm,
- •Luftmatratze, Luftpumpe,
- •Schlauchboot.

Unterhaltung
- •Foto/Film/Video-
  ausrüstung, •Filme
- •Kinderspielzeug,
- •Spiele für Erwachsene,
- •Lektüre, •Cassetten,
- •Kassettenrecorder,
- •Fahrräder,
- •Federball etc.

Apotheke
- •Mittel gegen Insektenstiche,
- •Husten- und Schnupfmittel,
- •Fieberzäpfchen,
- •Mittel gegen Durchfall,
  Verstopfung, Kopfweh,
- •Nasen- und Brandsalbe,
- •Wunddesinfektionsmittel,
- •Sprühpflaster,
- •Elastikbinden,

- Salbe gegen Prellungen,
- Fieberthermometer,
- Pinzette,
- Autoverbandskasten o.k.?

Auto
- Wörterbuch, Reiseführer,
- Karten,
- Streckenkarten,
- Zwei Außenspiegel,
- Pannenausrüstung,
- gefüllter Reservekanister
- Brille, •Ersatzbrille,
- Sonnenbrille,
- 1-2 Liter Reserveöl
{HD 20W 50),
- Abschleppseil,
- passender Wagenheber,
- Arbeitshandschuhe.

Lebensmittel
- Getränke,
- Wurst-, Fischdosen,
- Fertiggerichte, Suppen,
- Tee, Kaffee,
- Butter, Margarine,

Sonstiges:

- Brot, Dosenbrot,
- Reis, Nudeln,
- Essig, Öl,
- Gewürze, Zucker, Salz,
- Kartoffeln etc.

Packen am Tag der Abfahrt

- Papiere,
- Geld, etc.,
- Wertsachen,
- Reserveschlüssel,

Ins Auto:
- Karten, •Reiseführer,
- Streckenkarten,
- Bordverpflegung,
- Mülltüte,
- Brillen,
- Personalausweis,
- Führerschein,
- Fahrzeugschein,
- Tagesgeld,
- Bedienungsanleitungen
- Packliste.

Wir wissen, wo's rund geht.
Fragen Sie nach
Anja und Djana

denn, wie ließ schon Alt-Fossi Goethe seinen
Teufel sagen: "Es ist so schwer, den falschen Weg
zu meiden".

STICHWORTE

213

Weitere Bände der WOMO-Reihe:

WOMO-REIHE · WOMO-REIHE
BAND 1 · BAND 1 · BAND 1

Brigitte & Reinhard Schulz
Wolfgang Schwörer

MIT DEM WOHNMOBIL NACH GRIECHENLAND

TIPS · TRICKS · TOUREN · TOLLE STRÄNDE

WOMO-REIHE · WOMO-REIHE
BAND 2 · BAND 2 · BAND 2
WOMO-REIHE · WOMO-REIHE

Brigitte & Reinhard Schulz

MIT DEM WOHNMOBIL NACH NORD-SPANIEN

TIPS · TRICKS · TOUREN · TOLLE STRÄNDE

WOMO-REIHE · WOMO-REIHE
BAND · BAN
WOMO-REIHE · WOMO-REIHE

Brigitte & Reinhard Schulz

MIT DEM WOHNMOBIL NACH KORSIKA

TIPS · TRICKS · TOUREN · TOLLE STRÄNDE

WOMO-REIHE · WOMO-REIHE
BAND 4 · BAND 4 · BAND 4
WOMO-REIHE · WOMO-REIHE

Brigitte & Reinhard Schulz
Gerhard Allmendinger

MIT NORDKAP TOUR

MIT DEM WOHNMOBIL NACH SCHWEDEN

TIPS · TRICKS · TOUREN · TOLLE STRÄNDE

WOMO-REIHE · WOMO-REIHE
BAND · BAN
WOMO-REIHE · WOMO-REIHE

Ralf Gréus

MIT DEM WOHNMOBIL INS ELSASS

TIPS · TRICKS · TOUREN · GUTE GASTSTÄTTEN

WOMO-REIHE · WOMO-REIHE
BAND 7 · BAND 7
WOMO-REIHE · WOMO-REIHE

Reinhard Schulz

MIT DEM WOHNMOBIL NACH SARDINIEN

TIPS · TRICKS · TOUREN · TOLLE STRÄNDE

WOMO-REIHE · WOMO-REIHE
BAND 8 · BAND 8
WOMO-REIHE · WOMO-REIHE

Ralf Gréus

MIT DEM WOHNMOBIL IN DIE TOSKANA

TIPS · TRICKS · TOUREN · GUTE PLÄTZE

Band 1–4 und 6–15

MIT DEM WOHNMOBIL . . . .

- Durchs ganze Land in vielen Touren.
- Die schönsten Badestrände, die noch nicht jeder kennt
  — mit uns finden Sie hin.
- Freies Camping — kein Problem!
- Bergtouren für groß und klein.
- 300 Tricks und Tips für Ausrüstung, Reisevorbereitung und Urlaub.
- Ausgefeilte Packliste.
- Die besten Anreiserouten, Fähren, usw. usw.
- Gesicherte Trinkwasserversorgung durch Hinweise auf über 50 Brunnen.
- Die besten Fährverbindungen.
- Genaue Kennzeichnung schöner Bade-, Picknick- und Wanderparkplätze.

WOMO-REIHE · WOMO-REIHE
BAND 5 · BAND 5 · BAND 5
WOMO-REIHE · WOMO-REIHE

Brigitte & Reinhard Schulz

ALLGEMEINES WOHNMOBIL HANDBUCH

DER RATGEBER RINGS UMS WOHNMOBIL

Band 5:

ALLGEMEINES WOHNMOBIL-HANDBUCH

- Beratung bei Wohnmobilkauf oder -miete.
- Einweisung in die Gas-, Wasser- und Elektroinstallation.
- Einrichtung des Wohnmobils.
- Tips und Tricks füs wohnmobile Wochenende.
- Freies Camping in Deutschland — Stellplatztips.
- Zubehörtips, Ver- und Entsorgungsratschläge.
- Urlaubsvorbereitung mit Profipackliste.
- Tips und Tricks für die große Fahrt mit Informationen über freies Camping in ganz Europa.
- Rezepte f. d. Wohnmobilküche./Ratschläge f. Reisen m. Kindern.
- Mit dem Wohnmobil zum Wintersport./Alle Wohnmobilclubs.
- WUPS — der WOMO-Urlaubs-Partner-Service.
- Adressen der Wohnmobilhersteller, -händler, -vermieter, Campingzubehör, Gastankstellen.

Wir bestellen:

___ Ex.: Mit dem Wohnmobil nach Griechenland .... DM 22.80
___ Ex.: Mit dem Wohnmobil nach Nord-Spanien .... DM 24.80
___ Ex.: Mit dem Wohnmobil nach Korsika .... DM 19.80
___ Ex.: Mit dem Wohnmobil nach Schweden .... DM 22.80
___ Ex.: Allgemeines Wohnmobil-Handbuch .... DM 24.80
___ Ex.: Mit dem Wohnmobil ins Elsaß .... DM 22.80
___ Ex.: Mit dem Wohnmobil nach Sardinien .... DM 22.80
___ Ex.: Mit dem Wohnmobil in die Toskana .... DM 22.80
___ Ex.: Mit dem Wohnmobil nach Thüringen .... DM 24.80
___ Ex.: Mit dem Wohnmobil in die Bretagne .... DM 22.80
___ Ex.: Mit Wohnwagen/Wohnmobil in die Auvergne ... DM 19.80
___ Ex.: Mit dem Wohnmobil in die Provence .... DM 24.80
___ Ex.: Mit dem Wohnmobil in die Pfalz .... DM 22.80
___ Ex.: Mit Wohnwagen/Wohnmobil nach Burgund ..... DM 22.80
___ Ex.: Mit dem Wohnmobil nach Norwegen .... DM 24.80

Preisänderungen vorbehalten.

Unsere Bücher erhalten Sie in jeder Buchhandlung oder porto- und
verpackungsfrei und auf Rechnung direkt vom Verlag.
Bestell-Telefon: 0 71 35 / 1 45 53, Fax 1 46 52.
Hier auch Infos über unsere ständigen Neuerscheinungen.

Absender:

_____

_____

_____

_____

_____   Unterschrift
Datum

WOMO-VERLAG

Versandabteilung

D-7128 Lauffen/Neckar